DEVOCIONALES CRISTIANOS PARA MUJERES

A.L. Groth
Teen Moons Editorial

Índice

Introducción

"100 Días de Inspiración: Devocionales Cristianos para Mujeres" está diseñado para ser una guía diaria que te acompañe en tu jornada espiritual, brindándote aliento, sabiduría y conexión con Dios.

Cada día encontrarás un devocional que incluye una cita bíblica, una reflexión sobre el versículo y una oración para ayudarte a aplicar el mensaje en tu vida.

Te animo a dedicar un tiempo cada día para leer, reflexionar y orar, permitiendo que la Palabra de Dios transforme tu corazón y te fortalezca en tu caminar diario.

Sección 1: Confianza en Dios

La confianza en Dios es el fundamento de nuestra fe. A lo largo de los próximos días, exploraremos cómo podemos confiar n Dios en medio de diversas situaciones de la vida. A través de estos devocionales, serás animada a fortalecer tu confianza en Su amor, Su plan, y Su fidelidad.

Día 1: Confianza en Dios

Cita bíblica

"Confía en el Señor con todo tu corazón, y no te apoyes en tu propia prudencia." - Proverbios 3:5

Reflexión

La confianza en Dios es un pilar fundamental en la vida cristiana. En un mundo lleno de incertidumbres y desafíos, es fácil intentar apoyarnos en nuestra propia sabiduría y entendimiento. Sin embargo, la Biblia nos recuerda que nuestra verdadera fortaleza y guía provienen de confiar plenamente en el Señor.

Confianza significa entregar nuestras preocupaciones, miedos y planes a Dios, creyendo que Él tiene el control y sabe lo que es mejor para nosotros. No siempre es fácil dejar de lado nuestro propio entendimiento, pero cuando lo hacemos, encontramos una paz que trasciende todas las circunstancias.

Hoy, te animo a reflexionar sobre las áreas de tu vida donde puedes necesitar confiar más en Dios. ¿Hay algo que te está preocupando o que te resulta difícil soltar? Entrégaselo al Señor y confía en que Él te guiará y proveerá todo lo que necesitas.

Oración

Señor, hoy elijo confiar en Ti con todo mi corazón. Ayúdame a no apoyarme en mi propia prudencia, sino a buscar Tu guía en cada área de mi vida. Enséñame a depender completamente de Tu sabiduría y amor. Amén.

Día 2: Refugio en tiempos difíciles

Cita bíblica

"Dios es nuestro refugio y fortaleza, nuestro pronto auxilio en las tribulaciones." - Salmo 46:1

Reflexión

En tiempos de dificultades y pruebas, podemos sentirnos abrumadas y solas. Sin embargo, la Biblia nos asegura que Dios es nuestro refugio y fortaleza. Él es quien nos sostiene cuando las circunstancias se vuelven abrumadoras.

Buscar refugio en Dios significa acudir a Él en oración, confiar en Sus promesas y descansar en Su presencia. No estamos solas; Dios está con nosotras, listo para brindarnos Su fortaleza y auxilio.

Reflexiona hoy sobre los momentos de tribulación en tu vida y cómo puedes buscar refugio en Dios. Permite que Su paz y fortaleza te llenen, sabiendo que Él es tu pronto auxilio.

Oración

Dios mío, gracias por ser mi refugio y fortaleza. En momentos de tribulación, ayúdame a acudir a Ti y confiar en Tu poder. Llena mi corazón de Tu paz y fortalece mi espíritu. Amén.

Día 3: Descansar en Su presencia

Cita bíblica

"Vengan a mí todos ustedes que están cansados y agobiados, y yo les daré descanso." - Mateo 11:28

Reflexión

La vida puede ser agotadora, con responsabilidades y desafíos que nos dejan sin fuerzas. Jesús nos invita a ir a Él cuando estamos cansadas y agobiadas, prometiéndonos descanso.

Descansar en Su presencia significa dejar nuestras cargas a Sus pies y permitir que Él nos renueve. Es un acto de confianza y dependencia en Su amor y cuidado por nosotras.

Hoy, acepta la invitación de Jesús y lleva tus cargas a Él. Permítele darte el descanso que necesitas, sabiendo que Su yugo es fácil y Su carga ligera.

Oración

Señor Jesús, hoy vengo a Ti con mi cansancio y mis cargas. Ayúdame a descansar en Tu presencia y a confiar en Tu cuidado. Renueva mis fuerzas y lléname de Tu paz. Amén.

Cita bíblica

"Y la paz de Dios, que sobrepasa todo entendimiento, guardará sus corazones y sus mentes en Cristo Jesús." - Filipenses 4:7

Reflexión

En medio de la ansiedad y el estrés, la paz de Dios es un don invaluable. Esta paz, que sobrepasa todo entendimiento, guarda nuestros corazones y mentes en Cristo Jesús.

Buscar la paz de Dios implica enfocar nuestra mente en Él, confiar en Su soberanía y agradecer por Su fidelidad. Es una paz que no depende de las circunstancias, sino de nuestra relación con Él.

Reflexiona hoy sobre las áreas de tu vida donde necesitas la paz de Dios. Pídele que guarde tu corazón y tu mente, y que te conceda Su paz que trasciende todo entendimiento.

Oración

Dios de paz, guarda mi corazón y mi mente en Cristo Jesús. Llena mi vida con Tu paz que sobrepasa todo entendimiento, y ayúdame a confiar en Ti en medio de todas las circunstancias. Amén.

Cita bíblica

"Todo lo puedo en Cristo que me fortalece." - Filipenses 4:13

Reflexión

Nuestra fortaleza no proviene de nuestras propias capacidades, sino de nuestra fe en Cristo. En Él encontramos la fuerza para enfrentar cualquier desafío y superar cualquier obstáculo.

Reconocer que todo lo podemos en Cristo nos da confianza y valentía. No estamos solas; Su poder obra en nosotras, capacitando y fortaleciendo nuestro espíritu.

Hoy, reflexiona sobre los desafíos que enfrentas y cómo puedes encontrar fortaleza en Cristo. Confía en Su poder y permite que Su fuerza se manifieste en tu vida.

Oración

Señor, gracias por fortalecerme en Cristo. Ayúdame a recordar que todo lo puedo en Ti. Fortalece mi fe y capacítame para enfrentar cada desafío con valentía y confianza en Tu poder. Amén.

Día 6: Esperanza en el Señor

Cita bíblica

"Pero los que esperan a Jehová tendrán nuevas fuerzas; levantarán alas como las águilas; correrán, y no se cansarán; caminarán, y no se fatigarán." - Isaías 40:31

Reflexión

Esperar en el Señor renueva nuestras fuerzas y nos da una perspectiva eterna. A veces, esperar puede parecer difícil, especialmente cuando no vemos respuestas inmediatas. Sin embargo, la promesa de Dios es que aquellos que esperan en Él tendrán nuevas fuerzas.

Esperar en el Señor significa confiar en Su tiempo perfecto y en Su plan para nuestras vidas. Es una espera activa, llena de esperanza y fe, sabiendo que Dios cumple Sus promesas.

Reflexiona hoy sobre las áreas de tu vida donde necesitas renovar tu esperanza en el Señor. Confía en Su promesa de darte nuevas fuerzas y de llevarte a nuevas alturas.

Oración

Dios de esperanza, ayúdame a esperar en Ti con fe y confianza. Renueva mis fuerzas y llévame a nuevas alturas en mi caminar contigo. Que Tu promesa de fortaleza y renovación sea una realidad en mi vida. Amén.

Día 7: Caminando en fe

Cita bíblica

"Porque por fe andamos, no por vista." - 2 Corintios 5:7

Reflexión

Caminar en fe significa confiar en Dios, incluso cuando no podemos ver el camino completo. Nuestra fe nos guía y nos da la certeza de que Dios está obrando, aun cuando las circunstancias parecen inciertas.

La vida cristiana es un viaje de fe, donde aprendemos a depender de Dios y a confiar en Su dirección. Aunque no siempre comprendamos Su plan, podemos tener la seguridad de que Él tiene un propósito para cada paso que damos.

Hoy, te animo a caminar en fe, confiando en la guía de Dios. Permite que tu fe sea más fuerte que tus dudas y que la confianza en Su plan te dé paz.

Oración

Señor, ayúdame a caminar en fe y no por vista. Fortalece mi confianza en Ti y en Tu plan para mi vida. Que mi fe sea más fuerte que mis dudas y que mi caminar refleje mi confianza en Tu guía. Amén.

Cita bíblica

"Fiel es el que os llama, el cual también lo hará." - 1 Tesalonicenses 5:24

Reflexión

La fidelidad de Dios es un ancla segura en nuestras vidas. Él es fiel a Sus promesas y cumple todo lo que ha dicho. Su fidelidad nos da seguridad y confianza, sabiendo que podemos contar con Él en todo momento.

Recordar la fidelidad de Dios nos ayuda a enfrentar los desafíos con una perspectiva de esperanza. Su carácter inmutable nos asegura que, pase lo que pase, Él siempre estará a nuestro lado.

Reflexiona hoy sobre la fidelidad de Dios en tu vida. Agradece por Su constancia y por cumplir Sus promesas. Deja que Su fidelidad sea tu fuente de confianza y seguridad.

Oración

Dios fiel, gracias por tu constancia y por cumplir siempre tus promesas. Ayúdame a recordar tu fidelidad en cada situación y a confiar en ti plenamente. Que tu fidelidad sea mi ancla segura. Amén.

Día 9: Refugio en Su amor

Cita bíblica

"El Señor es bueno, un refugio en tiempos de angustia; protege a los que en él confían." - Nahúm 1:7

Reflexión

El amor de Dios es nuestro refugio en tiempos de angustia. En medio de las dificultades, podemos encontrar consuelo y protección en Su amor incondicional.

Buscar refugio en el amor de Dios significa confiar en Su bondad y en Su cuidado constante. Es permitir que Su amor nos rodee y nos dé paz, sabiendo que somos amadas y protegidas por Él.

Reflexiona hoy sobre el amor de Dios y cómo puedes encontrar refugio en Él. Deja que Su amor sea tu fortaleza y consuelo en todo momento.

Oración

Señor, gracias por tu amor incondicional que es mi refugio en tiempos de angustia. Ayúdame a confiar en tu bondad y a encontrar paz en tu amor. Protege mi corazón y lléname de tu consuelo. Amén.

Día 10: La suficiencia de Su gracia

Cita bíblica

"Y me ha dicho: Bástate mi gracia; porque mi poder se perfecciona en la debilidad." - 2 Corintios 12:9

Reflexión

La gracia de Dios es suficiente para cada situación que enfrentamos. En nuestras debilidades, Su poder se manifiesta de manera poderosa. No necesitamos depender de nuestras propias fuerzas, porque Su gracia nos sostiene.

Reconocer la suficiencia de Su gracia nos libera de la carga de intentar hacerlo todo por nosotras mismas. Podemos descansar en Su gracia, sabiendo que Él nos capacita y fortalece en nuestras debilidades.

Reflexiona hoy sobre las áreas de tu vida donde necesitas la gracia de Dios. Acepta Su gracia como suficiente y permite que Su poder se perfeccione en tu debilidad.

Oración

Señor, gracias por tu gracia que es suficiente para mí. Ayúdame a descansar en tu gracia y a confiar en tu poder que se perfecciona en mi debilidad. Fortalece mi espíritu y capacítame para vivir en tu gracia. Amén.

Día 11: Confianza en Su plan

Cita bíblica

"Porque yo sé los planes que tengo para ustedes, declara el Señor, planes de bienestar y no de calamidad, para darles un futuro y una esperanza." - Jeremías 29:11

Reflexión

Dios tiene planes de bienestar para nuestras vidas, planes que nos brindan esperanza y un futuro. A veces, podemos sentirnos desorientadas y sin dirección, pero recordar que Dios tiene un plan perfecto para nosotras nos da confianza y seguridad.

Confiar en Su plan significa rendir nuestras propias agendas y expectativas a Él, sabiendo que Sus caminos son más altos que los nuestros. Es creer que Su propósito para nuestras vidas es bueno y lleno de esperanza.

Reflexiona hoy sobre los planes de Dios para tu vida. Entrégale tus propias expectativas y confía en Su plan perfecto, sabiendo que Él tiene un futuro y una esperanza para ti.

Oración

Dios de esperanza, gracias por los planes que tienes para mí. Ayúdame a confiar en tu plan perfecto y a rendir mis propias expectativas a ti. Que tu propósito se cumpla en mi vida y que yo viva con la esperanza de tu futuro para mí. Amén.

Día 12: Fortaleza en la debilidad

Cita bíblica

"De manera que me complazco en las debilidades, en insultos, en necesidades, en persecuciones, en angustias, por amor a Cristo; porque cuando soy débil, entonces soy fuerte." - 2 Corintios 12:10

Reflexión

La fortaleza en la debilidad es un concepto transformador en la vida cristiana. En nuestras debilidades, Cristo se glorifica y Su poder se manifiesta de manera perfecta. Es en esos momentos de vulnerabilidad cuando encontramos Su fortaleza de una manera más profunda.

Aceptar nuestras debilidades y confiar en la fortaleza de Cristo nos libera de la presión de ser perfectas. Podemos descansar en Su poder, sabiendo que Él se hace fuerte en nuestra debilidad.

Reflexiona hoy sobre tus debilidades y cómo puedes encontrar fortaleza en Cristo. Permite que Su poder se manifieste en tu vida y que Su fortaleza sea tu apoyo constante.

Oración

Señor, en mis debilidades, encuentro tu fortaleza. Ayúdame a aceptar mis limitaciones y a confiar en tu poder que se perfecciona en mi debilidad. Fortaléceme en cada área de mi vida y glorifica tu nombre a través de mí. Amén.

Día 13: Fe en tiempos de espera

Cita bíblica

"Pacientemente esperé a Jehová, y se inclinó a mí y oyó mi clamor." - Salmo 40:1

Reflexión

La espera puede ser uno de los mayores desafíos en nuestra vida espiritual. Sin embargo, la espera en el Señor es una oportunidad para fortalecer nuestra fe y confianza en Su tiempo perfecto.

Esperar pacientemente en el Señor significa confiar en que Él oye nuestros clamores y responderá en el momento adecuado. Es una espera activa, llena de oración y esperanza, sabiendo que Su respuesta siempre es para nuestro bien.

Reflexiona hoy sobre las áreas de tu vida donde estás esperando en el Señor. Fortalece tu fe y paciencia, confiando en que Él se inclina a ti y escucha tu clamor.

Oración

Señor, ayúdame a esperar pacientemente en ti. Fortalece mi fe y mi confianza en tu tiempo perfecto. Que mi espera esté llena de esperanza y oración, sabiendo que tú escuchas mi clamor y responderás. Amén.

Día 14: La presencia de Dios

Cita bíblica

"¿A dónde me iré de tu Espíritu? ¿Y a dónde huiré de tu presencia?" - Salmo 139:7

Reflexión

La presencia de Dios está con nosotras en todo momento. No hay lugar donde podamos escondernos de Su Espíritu. Esta verdad nos da una profunda seguridad y consuelo, sabiendo que Él está siempre con nosotras.

Vivir en la conciencia de la presencia de Dios nos ayuda a enfrentar cada día con valentía y paz. Su presencia nos guía, nos consuela y nos fortalece en cada circunstancia.

Reflexiona hoy sobre la presencia constante de Dios en tu vida. Agradece por Su compañía inquebrantable y permite que Su presencia te llene de paz y fortaleza.

Oración

Señor, gracias por tu presencia constante en mi vida. No hay lugar donde pueda huir de tu Espíritu. Ayúdame a vivir en la conciencia de tu presencia y a encontrar consuelo y fortaleza en ti. Amén.

Día 15: La mano de Dios en nuestras vidas

Cita bíblica

"He aquí, en las palmas de las manos te tengo esculpida; delante de mí están siempre tus muros." - Isaías 49:16

Reflexión

La imagen de estar esculpidas en las palmas de las manos de Dios es una poderosa representación de Su amor y cuidado por nosotras. Él nos tiene siempre delante de Él, observando y protegiendo cada aspecto de nuestras vidas.

Saber que estamos esculpidas en las manos de Dios nos da una profunda seguridad. Su amor es constante y Su protección es inquebrantable. Podemos confiar en que Él tiene un plan y propósito para nosotras, y que nunca estamos fuera de Su vista.

Reflexiona hoy sobre la mano de Dios en tu vida. Agradece por Su amor y protección constante, y confía en que Él siempre está contigo.

Oración

Señor, gracias por tenerme esculpida en las palmas de tus manos. Agradezco tu amor y protección constante. Ayúdame a confiar en tu plan y propósito para mi vida, sabiendo que siempre estoy delante de ti. Amén.

Día 16: La fidelidad de Dios

Cita bíblica

"Reconoce, pues, que el Señor tu Dios es Dios; el Dios fiel, que guarda el pacto y la misericordia a los que le aman y guardan sus mandamientos, hasta mil generaciones." - Deuteronomio 7:9

Reflexión

La fidelidad de Dios es una fuente inagotable de seguridad y confianza. Él guarda Su pacto y muestra misericordia a quienes le aman y guardan Sus mandamientos, no solo por una generación, sino hasta mil generaciones.

Reconocer la fidelidad de Dios nos llena de esperanza y nos motiva a mantenernos firmes en nuestra fe. Su fidelidad es inmutable y Su amor por nosotras es eterno.

Reflexiona hoy sobre la fidelidad de Dios en tu vida. Agradece por Su constancia y misericordia, y renueva tu compromiso de amarlo y guardar Sus mandamientos.

Oración

Dios fiel, gracias por tu fidelidad que se extiende hasta mil generaciones. Ayúdame a reconocer tu constancia y a confiar en tu pacto y misericordia. Renueva mi amor por ti y mi compromiso de guardar tus mandamientos. Amén.

Cita bíblica

"Te haré entender, y te enseñaré el camino en que debes andar; sobre ti fijaré mis ojos." - Salmo 32:8

Reflexión

La promesa de Dios de guiarnos y enseñarnos el camino en que debemos andar es un gran consuelo. Él fija Sus ojos sobre nosotras, vigilando cada paso que damos y dirigiéndonos hacia Su propósito.

Buscar la guía del Señor implica una vida de oración y dependencia de Su sabiduría. Es confiar en que Él nos mostrará el camino correcto y nos dará la comprensión necesaria para tomar decisiones acertadas.

Reflexiona hoy sobre la guía del Señor en tu vida. Pide Su dirección y confía en que Él te enseñará el camino en que debes andar.

Oración

Señor, gracias por tu promesa de guiarme y enseñarme el camino en que debo andar. Fija tus ojos sobre mí y dirige cada paso que doy. Ayúdame a depender de tu sabiduría y a confiar en tu guía. Amén.

Día 18: La paz interior

Cita bíblica

"Estas cosas os he hablado para que en mí tengáis paz. En el mundo tendréis aflicción; pero confiad, yo he vencido al mundo." - Juan 16:33

Reflexión

Jesús nos ofrece una paz que sobrepasa las aflicciones del mundo. Aunque enfrentemos dificultades, Su victoria nos asegura una paz interior que nadie puede quitar.

Tener paz en medio de la aflicción es un testimonio poderoso de nuestra fe en Cristo. Es confiar en que, aunque el mundo presente desafíos, la victoria de Jesús nos da la tranquilidad y el consuelo que necesitamos.

Reflexiona hoy sobre la paz de Jesús en tu vida. Agradece por Su victoria y permite que Su paz llene tu corazón, incluso en medio de las aflicciones.

Oración

Señor Jesús, gracias por la paz que me das en medio de las aflicciones. Ayúdame a confiar en tu victoria y a permitir que tu paz llene mi corazón. Que mi vida sea un testimonio de tu paz y tu victoria. Amén.

Día 19: La fuerza del Señor

Cita bíblica

"El Señor es mi fortaleza y mi escudo; en él confió mi corazón, y fui ayudado; por lo que se gozó mi corazón, y con mi cántico le alabaré." - Salmo 28:7

Reflexión

El Señor es nuestra fortaleza y escudo, aquel en quien podemos confiar plenamente. Cuando nuestro corazón confía en Él, recibimos ayuda y nuestra alegría se renueva.

Encontrar fortaleza en el Señor nos permite enfrentar los desafíos con valentía y gozo. Su protección y ayuda nos sostienen y nos dan la confianza de que no estamos solas.

Reflexiona hoy sobre la fortaleza del Señor en tu vida. Confía en Su ayuda y permite que tu corazón se goce en Su fortaleza y protección.

Oración

Señor, tú eres mi fortaleza y mi escudo. Confío en ti con todo mi corazón. Gracias por tu ayuda y protección constante. Llena mi corazón de gozo y que mi vida sea un cántico de alabanza a ti. Amén.

Día 20: La confianza en Su amor

Cita bíblica

"En el amor no hay temor, sino que el perfecto amor echa fuera el temor; porque el temor lleva en sí castigo. De donde el que teme, no ha sido perfeccionado en el amor." - 1 Juan 4:18

Reflexión

El amor perfecto de Dios echa fuera todo temor. Cuando entendemos y aceptamos el amor de Dios, nuestros miedos y ansiedades disminuyen, reemplazados por la seguridad de Su amor incondicional.

Vivir en el amor de Dios significa confiar plenamente en Su bondad y en Su plan para nosotras. Es permitir que Su amor transforme nuestros corazones y nos llene de paz y confianza.

Reflexiona hoy sobre el amor perfecto de Dios y cómo puedes confiar más en Él. Deja que Su amor eche fuera todo temor y te llene de una confianza inquebrantable en Su bondad.

Oración

Señor, gracias por tu perfecto amor que echa fuera todo temor. Ayúdame a confiar plenamente en ti y a vivir en la seguridad de tu amor. Llena mi corazón de paz y confianza en tu bondad. Amén.

Sección 2: Amor y relaciones

El amor de Dios es el modelo perfecto para nuestras relaciones. En esta sección, reflexionaremos sobre cómo el amor divino puede transformar nuestras vidas y nuestras relaciones con los demás. Aprende a amar como Cristo, a perdonar, y a cultivar relaciones que reflejen la gracia de Dios.

Cita bíblica

"Y nosotros hemos llegado a conocer y creer que Dios nos ama. Dios es amor, y el que permanece en amor, permanece en Dios y Dios en él." - 1 Juan 4:16

Reflexión

El amor de Dios es la esencia de quien Él es. Conocer y creer en este amor transforma nuestra vida y nos permite permanecer en una relación íntima con Él. Este amor es incondicional y eterno, un refugio seguro en todas las circunstancias.

Cuando permanecemos en el amor de Dios, experimentamos Su presencia de manera más profunda. Su amor nos da identidad, propósito y consuelo. Nos invita a vivir en comunión con Él y a extender ese amor a los demás.

Reflexiona hoy sobre la magnitud del amor de Dios por ti. Permanece en ese amor y permite que transforme tu corazón y tus relaciones.

Oración

Dios de amor, gracias por tu amor incondicional y eterno. Ayúdame a conocer y creer en tu amor cada día. Permite que tu amor transforme mi vida y me lleve a vivir en comunión contigo. Amén.

Cita bíblica

"Un mandamiento nuevo os doy: Que os améis unos a otros; como yo os he amado, que también os améis unos a otros." - Juan 13:34

Reflexión

Jesús nos manda a amarnos unos a otros como Él nos ha amado. Este amor es sacrificial, paciente y compasivo, reflejando el amor que Él mostró al dar Su vida por nosotros.

Amar a los demás puede ser desafiante, especialmente cuando enfrentamos diferencias o conflictos. Sin embargo, este amor es un testimonio poderoso de nuestra fe en Cristo y de Su obra en nuestras vidas.

Reflexiona hoy sobre cómo puedes amar a los demás como Jesús te ha amado. Busca maneras de mostrar paciencia, compasión y sacrificio en tus relaciones.

Oración

Señor Jesús, gracias por tu amor sacrificial. Ayúdame a amar a los demás como tú me has amado. Que mi vida sea un reflejo de tu amor, mostrando paciencia, compasión y sacrificio en todas mis relaciones. Amén.

Día 23: Perdón y reconciliación

Cita bíblica

"Sed más bien amables unos con otros, misericordiosos, perdonándoos unos a otros, como también Dios os perdonó a vosotros en Cristo." - Efesios 4:32

Reflexión

El perdón es esencial para mantener relaciones saludables y reflejar el amor de Cristo. Dios nos ha perdonado en Cristo, y nos llama a extender ese mismo perdón a los demás.

Perdonar no siempre es fácil, pero es un acto de obediencia y amor que libera nuestros corazones del rencor y la amargura. La reconciliación trae sanidad y restauración a nuestras relaciones.

Reflexiona hoy sobre las áreas de tu vida donde necesitas perdonar o buscar reconciliación. Pide a Dios que te dé la gracia y la fuerza para perdonar como Él te ha perdonado.

Oración

Señor, gracias por tu perdón en Cristo. Ayúdame a ser misericordiosa y a perdonar a los demás como tú me has perdonado. Que tu amor traiga sanidad y reconciliación a mis relaciones. Amén.

Día 24: Amistad verdadera

Cita bíblica

"En todo tiempo ama el amigo; y es como un hermano en tiempo de angustia." - Proverbios 17:17

Reflexión

La amistad verdadera es un regalo de Dios, una relación basada en el amor, la lealtad y el apoyo mutuo. Un amigo verdadero ama en todo tiempo y se convierte en un hermano o hermana en tiempos de necesidad.

Cultivar amistades verdaderas requiere tiempo, esfuerzo y una disposición para amar y servir a los demás. Estas relaciones nos brindan apoyo emocional y espiritual, y nos ayudan a crecer en nuestra fe.

Reflexiona hoy sobre las amistades en tu vida. Agradece a Dios por los amigos verdaderos y busca maneras de fortalecer y nutrir estas relaciones.

Oración

Señor, gracias por el regalo de la amistad verdadera. Ayúdame a ser un amigo leal y amoroso, y a valorar y nutrir las amistades que has puesto en mi vida. Que nuestras relaciones sean un reflejo de tu amor. Amén.

Día 25: Relaciones saludables

Cita bíblica

"Someteos unos a otros en el temor de Dios." - Efesios 5:21

Reflexión

Las relaciones saludables se basan en el respeto mutuo, la humildad y la disposición para servirnos unos a otros. Someterse unos a otros en el temor de Dios significa poner las necesidades y el bienestar de los demás por encima de los nuestros, honrando a Dios en nuestras interacciones.

Este tipo de relaciones fomentan un ambiente de amor, apoyo y crecimiento mutuo. Nos ayudan a reflejar el carácter de Cristo en nuestras vidas y a vivir en armonía con los demás.

Reflexiona hoy sobre tus relaciones y cómo puedes contribuir a su salud y bienestar. Busca maneras de servir y honrar a los demás en el temor de Dios.

Oración

Señor, ayúdame a cultivar relaciones saludables basadas en el respeto mutuo y la humildad. Enséñame a someterme a los demás en tu temor y a reflejar tu amor en mis interacciones. Amén.

Día 26: El amor como testimonio

Cita bíblica

"En esto conocerán todos que sois mis discípulos, si tenéis amor los unos por los otros." - Juan 13:35

Reflexión

El amor que mostramos a los demás es un testimonio poderoso de nuestra fe en Cristo. Cuando amamos a los demás de la manera que Jesús nos ha amado, demostramos que somos Sus discípulos.

Este amor no es simplemente un sentimiento, sino una acción intencional que busca el bienestar de los demás. Es un amor que perdona, sirve y sacrifica, reflejando el corazón de Cristo.

Reflexiona hoy sobre cómo tu amor por los demás puede ser un testimonio de tu fe. Busca maneras de demostrar este amor en tus acciones diarias, mostrando al mundo que eres un discípulo de Cristo.

Oración

Señor Jesús, ayúdame a amar a los demás como tú me has amado. Que mi amor sea un testimonio de mi fe en ti y una demostración de que soy tu discípulo. Que mis acciones diarias reflejen tu amor y traigan gloria a tu nombre. Amén.

Día 27: El amor incondicional

Cita bíblica

"El amor es paciente, es bondadoso. El amor no es envidioso ni jactancioso ni orgulloso." - 1 Corintios 13:4

Reflexión

El amor incondicional es paciente y bondadoso, sin envidia ni orgullo. Este tipo de amor se centra en el bienestar de los demás y busca siempre lo mejor para ellos, sin condiciones ni expectativas.

Amar incondicionalmente nos desafía a dejar de lado nuestro egoísmo y a tratar a los demás con la misma gracia y compasión que hemos recibido de Dios. Es un amor que refleja el corazón de Cristo y que trae sanidad y restauración a nuestras relaciones.

Reflexiona hoy sobre cómo puedes amar incondicionalmente en tus relaciones. Pide a Dios que te llene de Su amor y te capacite para amar a los demás con paciencia y bondad.

Oración

Señor, enséñame a amar incondicionalmente, con paciencia y bondad. Ayúdame a dejar de lado la envidia, el orgullo y el egoísmo, y a tratar a los demás con la gracia y compasión que tú me has mostrado. Amén.

Día 28: La unidad en Cristo

Cita bíblica

"Ya no hay judío ni griego; no hay esclavo ni libre; no hay hombre ni mujer, porque todos vosotros sois uno en Cristo Jesús." - Gálatas 3:28

Reflexión

En Cristo, somos una familia unida, sin distinción de raza, estatus o género. Esta unidad es un reflejo del amor de Dios y de Su deseo de reconciliar a todos con Él y entre sí.

Vivir en unidad con nuestros hermanos y hermanas en Cristo nos permite experimentar la plenitud de la comunidad cristiana. Es un testimonio de la obra de Cristo en nuestras vidas y un modelo para el mundo de cómo el amor de Dios puede superar todas las divisiones.

Reflexiona hoy sobre la unidad en Cristo y cómo puedes contribuir a ella. Busca maneras de promover la reconciliación y la armonía en tus relaciones y en tu comunidad.

Oración

Señor, gracias por la unidad que tenemos en Cristo. Ayúdame a vivir en armonía con mis hermanos y hermanas en la fe y a promover la reconciliación y la unidad en mi comunidad. Que nuestro amor y unidad sean un testimonio de tu obra en nuestras vidas. Amén.

Cita bíblica

"Porque vosotros, hermanos, a libertad fuisteis llamados; solamente que no uséis la libertad como ocasión para la carne, sino servíos por amor los unos a los otros." - Gálatas 5:13

Reflexión

El amor y el servicio están estrechamente relacionados en la vida cristiana. Hemos sido llamados a la libertad en Cristo, pero esta libertad no es para complacernos a nosotros mismos, sino para servir a los demás por amor.

Servir a los demás es una expresión tangible del amor de Cristo. Nos permite poner en práctica nuestra fe y demostrar el carácter de Jesús en nuestras acciones diarias.

Reflexiona hoy sobre cómo puedes servir a los demás con amor. Busca oportunidades para poner en práctica este llamado y permitir que el amor de Cristo fluya a través de ti.

Oración

Señor, gracias por la libertad que tengo en Cristo. Ayúdame a usar esa libertad para servir a los demás por amor. Que mi vida sea una expresión de tu amor y servicio, reflejando tu carácter en todas mis acciones. Amén.

Día 30: La bondad del amor

Cita bíblica

"El amor es bondadoso." - 1 Corintios 13:4

Reflexión

La bondad es una característica esencial del amor verdadero. Ser bondadoso significa tratar a los demás con gentileza, consideración y compasión. Es un reflejo del corazón de Dios y de Su trato hacia nosotras.

La bondad en nuestras relaciones crea un ambiente de respeto y apoyo mutuo. Nos permite construir puentes en lugar de barreras y muestra a los demás el amor de Cristo de una manera tangible.

Reflexiona hoy sobre cómo puedes practicar la bondad en tus relaciones. Busca maneras de ser más gentil y considerado, permitiendo que el amor de Dios se manifieste a través de ti.

Oración

Señor, ayúdame a ser bondadoso en todas mis relaciones. Que tu amor se refleje en mi gentileza y consideración hacia los demás. Permite que mi vida sea un testimonio de tu bondad y amor. Amén.

Día 31: El amor y la humildad

Cita bíblica

"Con toda humildad y mansedumbre, con paciencia, soportándoos unos a otros en amor." - Efesios 4:2

Reflexión

La humildad es una cualidad esencial del amor cristiano. Nos permite poner las necesidades de los demás por encima de las nuestras y tratar a los demás con respeto y consideración. La humildad y la mansedumbre en nuestras relaciones fomentan un ambiente de paz y unidad.

Soportarnos unos a otros en amor implica ser pacientes y comprensivos, aceptando las debilidades y errores de los demás. Es un reflejo del amor de Cristo, que nos llama a amarnos unos a otros con un corazón humilde y compasivo.

Reflexiona hoy sobre cómo puedes practicar la humildad en tus relaciones. Busca maneras de ser más paciente y comprensivo, soportando a los demás en amor.

Oración

Señor, ayúdame a ser humilde y manso en mis relaciones. Que mi amor por los demás sea un reflejo de tu amor, lleno de paciencia y comprensión. Enséñame a soportar a los demás en amor y a vivir en unidad y paz. Amén.

Día 32: El amor que edifica

Cita bíblica

"Así que sigamos lo que contribuye a la paz y a la mutua edificación." - Romanos 14:19

Reflexión

El amor verdadero busca edificar a los demás, promoviendo la paz y el crecimiento mutuo. Nuestras palabras y acciones tienen el poder de construir o destruir, y como seguidores de Cristo, estamos llamados a ser constructores en nuestras relaciones.

Edificar a los demás significa animar, apoyar y ayudarles a crecer en su fe y en su vida personal. Es un acto de amor que refleja el corazón de Dios y que fortalece la comunidad cristiana.

Reflexiona hoy sobre cómo puedes edificar a los demás en tus relaciones. Busca maneras de ser un animador y apoyo, contribuyendo a la paz y al crecimiento mutuo.

Oración

Señor, ayúdame a ser una persona que edifica a los demás. Que mis palabras y acciones contribuyan a la paz y al crecimiento mutuo. Enséñame a animar y apoyar a los que me rodean, reflejando tu amor en todo lo que hago. Amén.

Día 33: El amor que perdona

Cita bíblica

"Perdónense mutuamente, así como Dios los perdonó a ustedes en Cristo." - Efesios 4:32

Reflexión

El perdón es una manifestación poderosa del amor cristiano. Dios nos ha perdonado en Cristo, y nos llama a extender ese mismo perdón a los demás. El perdón libera nuestros corazones del rencor y permite la restauración de relaciones rotas.

Perdonar no significa olvidar o excusar el mal, sino liberar la carga emocional y permitir que la sanidad y la reconciliación ocurran. Es un acto de obediencia y amor que refleja el corazón de Dios.

Reflexiona hoy sobre las áreas de tu vida donde necesitas perdonar. Pide a Dios que te dé la gracia y la fuerza para perdonar como Él te ha perdonado.

Oración

Señor, gracias por el perdón que me has dado en Cristo. Ayúdame a extender ese mismo perdón a los demás. Libera mi corazón del rencor y permite que la sanidad y la reconciliación ocurran en mis relaciones. Amén.

Día 34: El amor y la compasión

Cita bíblica

"Sed compasivos unos con otros, perdonándoos mutuamente, así como Dios os perdonó a vosotros en Cristo." - Colosenses 3:12

Reflexión

La compasión es una expresión profunda del amor de Cristo. Ser compasivos significa ponernos en el lugar de los demás, entender sus luchas y ofrecer nuestro apoyo y comprensión.

La compasión nos lleva a actuar con bondad y a mostrar el amor de Dios de manera tangible. Es una respuesta a la gracia y el perdón que hemos recibido, y nos permite ser un reflejo del corazón de Cristo en nuestras relaciones.

Reflexiona hoy sobre cómo puedes ser más compasivo en tus relaciones. Busca maneras de mostrar comprensión y apoyo a quienes te rodean, permitiendo que la compasión de Cristo fluya a través de ti.

Oración

Señor, ayúdame a ser compasivo con los demás. Permíteme entender sus luchas y ofrecer mi apoyo y comprensión. Que mi vida sea un reflejo de tu compasión y amor. Amén.

Día 35: El amor y la justicia

Cita bíblica

"El amor y la verdad se han encontrado; la justicia y la paz se han besado." - Salmo 85:10

Reflexión

LEl amor de Dios está íntimamente ligado a la justicia. Su amor nos llama a buscar la verdad y la justicia en nuestras vidas y en nuestras relaciones. La justicia y la paz son el resultado de un amor que busca el bienestar y la equidad para todos.

Vivir en el amor y la justicia de Dios significa defender lo que es correcto y justo, y actuar con integridad y compasión. Es un llamado a ser agentes de cambio y a reflejar el corazón de Dios en un mundo necesitado de justicia y paz.

Reflexiona hoy sobre cómo puedes vivir en el amor y la justicia de Dios. Busca maneras de defender lo que es justo y de actuar con integridad y compasión en todas tus relaciones.

Oración

Señor, ayúdame a vivir en tu amor y justicia. Que mi vida sea un reflejo de tu verdad y equidad. Enséñame a defender lo que es correcto y a actuar con integridad y compasión. Amén.

Día 36: El amor y la verdad

Cita bíblica

"Antes bien, al decir la verdad en amor, crezcamos en todos los aspectos en aquel que es la cabeza, Cristo." - Efesios 4:15

Reflexión

Decir la verdad en amor es un equilibrio crucial en nuestras relaciones. La verdad sin amor puede ser dura y lastimosa, mientras que el amor sin verdad puede ser superficial y engañoso. Cristo nos llama a combinar ambos, hablando con honestidad y compasión.

La verdad en amor nos ayuda a crecer y a madurar en nuestra fe y en nuestras relaciones. Nos permite corregir y ser corregidos de una manera que edifica y fortalece, reflejando el carácter de Cristo.

Reflexiona hoy sobre cómo puedes decir la verdad en amor en tus relaciones. Busca maneras de ser honesto y compasivo, permitiendo que la verdad y el amor trabajen juntos para el crecimiento mutuo.

Oración

Señor, enséñame a decir la verdad en amor. Que mis palabras sean honestas y compasivas, edificando y fortaleciendo a los demás. Ayúdame a reflejar tu carácter en todas mis relaciones. Amén.

Día 37: El amor y el servicio

Cita bíblica

"Porque ni aun el Hijo del Hombre vino para ser servido, sino para servir y para dar su vida en rescate por muchos." - Marcos 10:45

Reflexión

Jesús nos dio el ejemplo perfecto de amor y servicio. Él, siendo el Hijo de Dios, no vino para ser servido, sino para servir y dar Su vida por nosotros. Este es el tipo de amor que estamos llamados a imitar en nuestras vidas.

Servir a los demás es una expresión tangible del amor de Cristo. Nos permite demostrar nuestra fe en acción y reflejar Su carácter a través de nuestras acciones diarias.

Reflexiona hoy sobre cómo puedes servir a los demás con amor. Busca oportunidades para poner en práctica este llamado y permitir que el amor de Cristo fluya a través de ti.

Oración

Señor, gracias por el ejemplo de amor y servicio que nos has dado. Ayúdame a seguir tus pasos y a servir a los demás con amor. Que mi vida sea una expresión de tu amor y servicio, reflejando tu carácter en todo lo que hago. Amén.

Día 38: El amor y el perdón

Cita bíblica

"Sobre todo, vístanse de amor, que es el vínculo perfecto."
- Colosenses 3:14

Reflexión

El amor es el vínculo perfecto que une todas las virtudes cristianas. Vestirse de amor significa permitir que este sea la base de todas nuestras acciones y relaciones. Es el amor el que nos capacita para perdonar, servir y vivir en armonía con los demás.

El amor nos llama a perdonar y a ser compasivos, reflejando el perdón que hemos recibido en Cristo. Nos permite superar las ofensas y mantener la unidad en nuestras relaciones, promoviendo la paz y la reconciliación.

Reflexiona hoy sobre cómo puedes vestirte de amor en todas tus relaciones. Permite que el amor sea el vínculo perfecto que une todas tus acciones y te capacite para vivir en armonía con los demás.

Oración

Señor, ayúdame a vestirme de amor en todas mis acciones y relaciones. Que tu amor sea el vínculo perfecto que une todas mis virtudes y me capacite para perdonar, servir y vivir en armonía con los demás. Amén.

Día 39: El amor que transforma

Cita bíblica

"Por tanto, si alguno está en Cristo, nueva criatura es; las cosas viejas pasaron; he aquí todas son hechas nuevas." - 2 Corintios 5:17

Reflexión

El amor de Cristo tiene el poder de transformar nuestras vidas completamente. En Él, somos nuevas criaturas; lo viejo ha pasado y todo es hecho nuevo. Este amor transforma nuestro corazón, mente y espíritu, llevándonos a vivir de acuerdo con Su propósito.

Vivir en el amor transformador de Cristo nos permite dejar atrás el pasado y abrazar una nueva vida en Él. Es un amor que renueva, sana y fortalece, dándonos una nueva identidad y un nuevo propósito.

Reflexiona hoy sobre la transformación que el amor de Cristo ha traído a tu vida. Agradece por Su amor que te ha hecho nueva criatura y permite que Su amor continúe transformándote día a día.

Oración

Señor, gracias por tu amor transformador que me ha hecho una nueva criatura en Cristo. Ayúdame a vivir en esta nueva identidad y a permitir que tu amor continúe transformándome cada día. Amén.

Día 40: El amor y la paciencia

Cita bíblica

"El amor es paciente." - 1 Corintios 13:4

Reflexión

La paciencia es una expresión esencial del amor verdadero. Ser paciente con los demás significa aceptar sus fallos y debilidades, mostrando comprensión y gracia. Es un reflejo del amor de Dios, que es paciente con nosotras en todo momento.

La paciencia en nuestras relaciones fomenta un ambiente de respeto y apoyo mutuo. Nos permite construir puentes en lugar de barreras y muestra a los demás el amor de Cristo de una manera tangible.

Reflexiona hoy sobre cómo puedes practicar la paciencia en tus relaciones. Busca maneras de ser más comprensivo y paciente, permitiendo que el amor de Dios se manifieste a través de ti.

Oración

Señor, ayúdame a ser paciente en todas mis relaciones. Que tu amor se refleje en mi paciencia y comprensión hacia los demás. Permite que mi vida sea un testimonio de tu amor y gracia. Amén.

Sección 3: Sanación y fortaleza

Dios es nuestro sanador y fortaleza en tiempos de debilidad. A medida que avanzas en esta sección, encontrarás palabras de aliento y esperanza para aquellos momentos en los que más necesitas la sanidad y la fuerza que solo Dios puede proporcionar.

Cita bíblica

"Pero él fue herido por nuestras transgresiones, molido por nuestras iniquidades; el castigo de nuestra paz fue sobre él, y por su llaga fuimos nosotros curados." - Isaías 53:5

Reflexión

La sanidad en Cristo es completa y abarca cada área de nuestra vida. Su sacrificio en la cruz no solo nos da perdón de pecados, sino también sanidad para nuestras heridas emocionales, físicas y espirituales.

Reconocer la obra sanadora de Cristo nos da esperanza y fortaleza para enfrentar cualquier dolencia o herida. Su amor y poder sanador están disponibles para nosotras, y podemos acudir a Él con nuestras cargas y aflicciones.

Reflexiona hoy sobre las áreas de tu vida donde necesitas sanidad. Entrégalas a Cristo y permite que Su amor y poder sanador obren en ti.

Oración

Señor Jesús, gracias por tu sacrificio que me ofrece sanidad completa. Te entrego mis heridas y dolencias, y pido tu sanidad en cada área de mi vida. Confío en tu amor y poder sanador. Amén.

Día 42: Fortaleza en la debilidad

Cita bíblica

"De manera que me complazco en las debilidades, en insultos, en necesidades, en persecuciones, en angustias, por amor a Cristo; porque cuando soy débil, entonces soy fuerte." - 2 Corintios 12:10

Reflexión

La fortaleza en la debilidad es un concepto transformador en la vida cristiana. En nuestras debilidades, Cristo se glorifica y Su poder se manifiesta de manera perfecta. Es en esos momentos de vulnerabilidad cuando encontramos Su fortaleza de una manera más profunda.

Aceptar nuestras debilidades y confiar en la fortaleza de Cristo nos libera de la presión de ser perfectas. Podemos descansar en Su poder, sabiendo que Él se hace fuerte en nuestra debilidad.

Reflexiona hoy sobre tus debilidades y cómo puedes encontrar fortaleza en Cristo. Permite que Su poder se manifieste en tu vida y que Su fortaleza sea tu apoyo constante.

Oración

Señor, en mis debilidades, encuentro tu fortaleza. Ayúdame a aceptar mis limitaciones y a confiar en tu poder que se perfecciona en mi debilidad. Fortaléceme en cada área de mi vida y glorifica tu nombre a través de mí. Amén.

Día 43: Sanidad emocional

Cita bíblica

"Cercano está Jehová a los quebrantados de corazón; y salva a los contritos de espíritu." - Salmo 34:18

Reflexión

Dios está cercano a los quebrantados de corazón y ofrece sanidad para nuestras heridas emocionales. Su amor y compasión nos alcanzan en nuestros momentos más oscuros y nos brindan consuelo y restauración.

La sanidad emocional implica entregar nuestras heridas a Dios y permitir que Su amor nos restaure. Es un proceso de liberación y renovación que nos permite vivir en plenitud y paz.

Reflexiona hoy sobre las heridas emocionales que necesitas entregar a Dios. Permite que Su amor y compasión te alcancen y te brinden la sanidad que necesitas.

Oración

Señor, te entrego mis heridas emocionales y pido tu sanidad. Gracias por estar cercano a los quebrantados de corazón y por ofrecer tu consuelo y restauración. Renueva mi espíritu y lléname de tu paz. Amén.

Día 44: Fortaleza en la fe

Cita bíblica

"Todo lo puedo en Cristo que me fortalece." - Filipenses 4:13

Reflexión

Nuestra fortaleza no proviene de nuestras propias capacidades, sino de nuestra fe en Cristo. En Él encontramos la fuerza para enfrentar cualquier desafío y superar cualquier obstáculo.

Reconocer que todo lo podemos en Cristo nos da confianza y valentía. No estamos solas; Su poder obra en nosotras, capacitando y forteleciendo nuestro espíritu.

Hoy, reflexiona sobre los desafíos que enfrentas y cómo puedes encontrar fortaleza en Cristo. Confía en Su poder y permite que Su fuerza se manifieste en tu vida.

Oración

Señor, gracias por fortalecerme en Cristo. Ayúdame a recordar que todo lo puedo en Ti. Fortalece mi fe y capacítame para enfrentar cada desafío con valentía y confianza en Tu poder. Amén.

Cita bíblica

"Y la paz de Dios, que sobrepasa todo entendimiento, guardará sus corazones y sus mentes en Cristo Jesús." - Filipenses 4:7

Reflexión

En medio de la ansiedad y el estrés, la paz de Dios es un don invaluable. Esta paz, que sobrepasa todo entendimiento, guarda nuestros corazones y mentes en Cristo Jesús.

Buscar la paz de Dios implica enfocar nuestra mente en Él, confiar en Su soberanía y agradecer por Su fidelidad. Es una paz que no depende de las circunstancias, sino de nuestra relación con Él.

Reflexiona hoy sobre las áreas de tu vida donde necesitas la paz de Dios. Pídele que guarde tu corazón y tu mente, y que te conceda Su paz que trasciende todo entendimiento.

Oración

Dios de paz, guarda mi corazón y mi mente en Cristo Jesús. Llena mi vida con Tu paz que sobrepasa todo entendimiento, y ayúdame a confiar en Ti en medio de todas las circunstancias. Amén.

Día 46: La esperanza en Cristo

Cita bíblica

"Bendito el Dios y Padre de nuestro Señor Jesucristo, que según su grande misericordia nos hizo renacer para una esperanza viva por la resurrección de Jesucristo de los muertos." - 1 Pedro 1:3

Reflexión

La resurrección de Jesucristo nos da una esperanza viva que trasciende cualquier circunstancia. Esta esperanza no se basa en deseos inciertos, sino en la certeza de la victoria de Cristo sobre la muerte y el pecado.

Tener una esperanza viva en Cristo nos permite enfrentar el futuro con confianza y alegría. Nos da la seguridad de que, sin importar lo que pase, estamos en manos de un Dios amoroso y poderoso.

Reflexiona hoy sobre la esperanza que tienes en Cristo. Agradece por la certeza de Su resurrección y permite que esta esperanza viva te llene de gozo y confianza.

Oración

Señor, gracias por la esperanza viva que tengo en Cristo. Ayúdame a vivir con confianza y alegría, sabiendo que mi futuro está seguro en Tus manos. Que esta esperanza viva me fortalezca en cada circunstancia. Amén.

Cita bíblica

"Él sana a los quebrantados de corazón, y venda sus heridas." - Salmo 147:3

Reflexión

Dios ofrece sanidad para nuestras heridas interiores, aquellas que no son visibles pero que afectan profundamente nuestras vidas. Su amor y compasión alcanzan cada rincón de nuestro ser, trayendo restauración y paz.

La sanidad interior implica permitir que Dios trabaje en nuestras emociones y pensamientos, renovando nuestra mente y corazón. Es un proceso de liberación y transformación que nos lleva a vivir en plenitud y gozo.

Reflexiona hoy sobre las áreas de tu vida donde necesitas sanidad interior. Permite que Dios venda tus heridas y te brinde la restauración que necesitas.

Oración

Señor, te entrego mis heridas interiores y pido tu sanidad. Gracias por sanar a los quebrantados de corazón y por vendar mis heridas. Renueva mi mente y corazón, y lléname de tu paz y gozo. Amén.

Día 48: Fortaleza en la esperanza

Cita bíblica

"Pero los que esperan a Jehová tendrán nuevas fuerzas; levantarán alas como las águilas; correrán, y no se cansarán; caminarán, y no se fatigarán." - Isaías 40:31

Reflexión

Esperar en el Señor renueva nuestras fuerzas y nos da una perspectiva eterna. A veces, esperar puede parecer difícil, especialmente cuando no vemos respuestas inmediatas. Sin embargo, la promesa de Dios es que aquellos que esperan en Él tendrán nuevas fuerzas.

Esperar en el Señor significa confiar en Su tiempo perfecto y en Su plan para nuestras vidas. Es una espera activa, llena de esperanza y fe, sabiendo que Dios cumple Sus promesas.

Reflexiona hoy sobre las áreas de tu vida donde necesitas renovar tu esperanza en el Señor. Confía en Su promesa de darte nuevas fuerzas y de llevarte a nuevas alturas.

Oración

Dios de esperanza, ayúdame a esperar en Ti con fe y confianza. Renueva mis fuerzas y llévame a nuevas alturas en mi caminar contigo. Que Tu promesa de fortaleza y renovación sea una realidad en mi vida. Amén.

Día 49: La sanidad en la palabra de Dios

Cita bíblica

"Envió su palabra y los sanó, y los libró de su ruina." - Salmo 107:20

Reflexión

La Palabra de Dios tiene el poder de sanar y liberar. A través de las Escrituras, encontramos consuelo, sabiduría y dirección para nuestras vidas. La Palabra de Dios es viva y eficaz, capaz de penetrar nuestro ser y traer sanidad a nuestras almas.

Buscar sanidad en la Palabra de Dios implica meditar en las Escrituras, permitiendo que Su verdad transforme nuestra mente y corazón. Es un proceso de renovación y restauración que nos lleva a vivir en la plenitud de Su amor y gracia.

Reflexiona hoy sobre cómo la Palabra de Dios puede traer sanidad a tu vida. Medita en las Escrituras y permite que Su verdad transforme tu ser.

Oración

Señor, gracias por la sanidad que encuentro en tu Palabra. Ayúdame a meditar en las Escrituras y a permitir que tu verdad transforme mi mente y corazón. Llena mi vida con tu amor y gracia, y llévame a vivir en plenitud. Amén.

Día 50: La fortaleza en la oración

Cita bíblica

"Orad sin cesar." - 1 Tesalonicenses 5:17

Reflexión

La oración es una fuente inagotable de fortaleza y consuelo. A través de la oración, podemos llevar nuestras cargas a Dios y encontrar paz en Su presencia. La oración nos conecta con el corazón de Dios y nos permite experimentar Su amor y poder de manera profunda.

Orar sin cesar significa mantener una comunicación constante con Dios, confiando en que Él escucha y responde nuestras oraciones. Es una práctica que fortalece nuestra fe y nos da la seguridad de que no estamos solas.

Reflexiona hoy sobre la importancia de la oración en tu vida. Busca maneras de fortalecer tu vida de oración y de mantener una comunicación constante con Dios.

Oración

Señor, gracias por el don de la oración. Ayúdame a orar sin cesar y a mantener una comunicación constante contigo. Que mi vida de oración sea una fuente de fortaleza y consuelo, conectándome siempre con tu corazón. Amén.

Día 51: La sanidad en la comunidad

Cita bíblica

"Confesaos vuestras ofensas unos a otros, y orad unos por otros, para que seáis sanados. La oración eficaz del justo puede mucho." - Santiago 5:16

Reflexión

La comunidad cristiana es un lugar de sanidad y apoyo. Confesar nuestras ofensas y orar unos por otros nos permite experimentar la gracia y el amor de Dios a través de nuestros hermanos y hermanas en la fe. La oración comunitaria tiene un poder especial para traer sanidad y restauración.

Ser parte de una comunidad nos da el apoyo emocional y espiritual que necesitamos para enfrentar los desafíos de la vida. Nos permite compartir nuestras cargas y celebrar nuestras victorias juntos.

Reflexiona hoy sobre la importancia de la comunidad en tu vida. Busca maneras de fortalecer tus relaciones dentro de la comunidad cristiana y de ser un apoyo para los demás.

Oración

Señor, gracias por la comunidad cristiana que has puesto en mi vida. Ayúdame a ser un apoyo para mis hermanos y hermanas en la fe y a orar unos por otros para que seamos sanados. Que nuestra comunidad sea un lugar de sanidad y restauración. Amén.

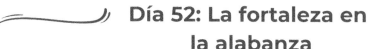

Día 52: La fortaleza en la alabanza

Cita bíblica

"Alabaré al Señor en todo tiempo; a cada momento pronunciaré sus alabanzas." - Salmo 34:1

Reflexión

La alabanza es una poderosa herramienta para encontrar fortaleza y renovar nuestro espíritu. Cuando alabamos a Dios, nuestras circunstancias pierden su poder sobre nosotros, y nuestro enfoque se vuelve hacia Su grandeza y bondad.

Alabar a Dios en todo tiempo, incluso en medio de las dificultades, nos llena de Su paz y alegría. Nos recuerda Su fidelidad y nos da la confianza de que Él está obrando en nuestras vidas.

Reflexiona hoy sobre la importancia de la alabanza en tu vida. Busca maneras de incorporar la alabanza en tu día a día y permite que te fortalezca y renueve.

Oración

Señor, te alabaré en todo tiempo y a cada momento pronunciaré tus alabanzas. Llena mi vida con tu paz y alegría mientras te alabo, y fortaléceme en medio de todas las circunstancias. Que mi alabanza sea un testimonio de tu grandeza y bondad. Amén.

Día 53: La sanidad en el perdón

Cita bíblica

"Perdona nuestras deudas, como también nosotros perdonamos a nuestros deudores." - Mateo 6:12

Reflexión

El perdón es esencial para nuestra sanidad emocional y espiritual. Cuando perdonamos a los demás, liberamos nuestro corazón del rencor y la amargura, permitiendo que la paz de Dios fluya en nuestras vidas.

El perdón también refleja el carácter de Cristo y Su obra en nosotras. Nos recuerda el perdón que hemos recibido y nos capacita para extender esa misma gracia a los demás.

Reflexiona hoy sobre las áreas de tu vida donde necesitas perdonar. Pide a Dios que te dé la fuerza y la gracia para perdonar, y permite que Su sanidad fluya en tu corazón.

Oración

Señor, te pido que me ayudes a perdonar a aquellos que me han ofendido. Libera mi corazón del rencor y la amargura, y lléname de tu paz. Gracias por el perdón que he recibido en Cristo. Que mi vida refleje tu gracia y amor. Amén.

Día 54: La fortaleza en la obediencia

Cita bíblica

"Si me amáis, guardad mis mandamientos." - Juan 14:15

Reflexión

La obediencia a Dios es una fuente de fortaleza y bendición. Guardar Sus mandamientos demuestra nuestro amor por Él y nos permite vivir en Su voluntad y propósito. La obediencia nos protege y nos guía en el camino correcto.

Vivir en obediencia a Dios nos da la confianza de que estamos caminando en Su plan perfecto. Nos fortalece y nos capacita para enfrentar los desafíos con la seguridad de que estamos bajo Su cuidado.

Reflexiona hoy sobre la importancia de la obediencia en tu vida. Busca maneras de guardar los mandamientos de Dios y de vivir en Su voluntad.

Oración

Señor, ayúdame a guardar tus mandamientos y a vivir en obediencia a tu palabra. Fortaléceme y guíame en tu voluntad y propósito. Que mi amor por ti se refleje en mi obediencia. Amén.

Día 55: La sanidad en la gratitud

Cita bíblica

"Dad gracias en todo, porque esta es la voluntad de Dios para vosotros en Cristo Jesús." - 1 Tesalonicenses 5:18

Reflexión

La gratitud es una actitud que trae sanidad a nuestra mente y corazón. Agradecer a Dios en todo, incluso en las dificultades, nos permite ver Su mano obrando en nuestras vidas y nos llena de Su paz y alegría.

La gratitud también nos ayuda a mantener una perspectiva correcta, enfocándonos en las bendiciones en lugar de los problemas. Nos acerca más a Dios y fortalece nuestra fe en Su fidelidad y amor.

Reflexiona hoy sobre las cosas por las que puedes estar agradecida. Haz una lista de tus bendiciones y agradece a Dios por ellas, permitiendo que la gratitud traiga sanidad a tu vida.

Oración

Señor, gracias por todas las bendiciones que has derramado en mi vida. Ayúdame a mantener una actitud de gratitud en todo momento y a ver tu mano obrando en cada circunstancia. Llena mi corazón de tu paz y alegría. Amén.

Día 56: La fortaleza en la palabra de Dios

Cita bíblica

"Porque la palabra de Dios es viva y eficaz, y más cortante que toda espada de dos filos." - Hebreos 4:12

Reflexión

La Palabra de Dios es una fuente poderosa de fortaleza y dirección. Es viva y eficaz, capaz de penetrar nuestro ser y transformar nuestras vidas. Meditar en las Escrituras nos llena de sabiduría y nos capacita para enfrentar los desafíos con valentía y confianza.

La Palabra de Dios nos da la fortaleza necesaria para resistir las tentaciones y permanecer firmes en nuestra fe. Nos guía y nos ilumina en el camino correcto, asegurándonos de que estamos viviendo de acuerdo con Su voluntad.

Reflexiona hoy sobre la importancia de la Palabra de Dios en tu vida. Dedica tiempo a meditar en las Escrituras y permite que Su verdad te fortalezca y guíe.

Oración

Señor, gracias por tu Palabra que es viva y eficaz. Ayúdame a meditar en las Escrituras y a permitir que tu verdad transforme mi vida. Fortaléceme y guíame en cada área de mi vida, y lléname de tu sabiduría. Amén.

Día 57: La sanidad en la fe

Cita bíblica

"Y la oración de fe salvará al enfermo, y el Señor lo levantará; y si hubiere cometido pecados, le serán perdonados." - Santiago 5:15

Reflexión

La fe tiene un poder sanador que va más allá de lo físico. La oración de fe puede salvar al enfermo y levantar al caído, trayendo sanidad y restauración a nuestras vidas. La fe nos conecta con el poder de Dios y nos permite experimentar Su amor y gracia de manera profunda.

Tener fe en la capacidad de Dios para sanar nos da la confianza de que no estamos solas en nuestras luchas. Nos permite acudir a Él con nuestras necesidades y confiar en Su provisión y cuidado.

Reflexiona hoy sobre tu fe y cómo puede traer sanidad a tu vida. Ora con fe, confiando en que Dios escucha y responde a tus peticiones.

Oración

Señor, gracias por el poder sanador de la fe. Ayúdame a orar con fe y a confiar en tu capacidad para sanar y restaurar. Llena mi corazón de tu amor y gracia, y permíteme experimentar tu sanidad en cada área de mi vida. Amén.

Día 58: La fortaleza en la comunión con Dios

Cita bíblica

"Cercano está Jehová a todos los que le invocan, a todos los que le invocan de veras." - Salmo 145:18

Reflexión

La comunión con Dios nos da fortaleza y nos llena de Su presencia. Invocar al Señor con un corazón sincero nos acerca a Él y nos permite experimentar Su amor y poder de una manera más profunda. Esta comunión nos renueva y nos capacita para enfrentar cualquier desafío.

Mantener una comunión constante con Dios a través de la oración, la meditación en Su Palabra y la adoración nos fortalece espiritualmente. Nos da la seguridad de que no estamos solas y de que Dios está obrando en nuestras vidas.

Reflexiona hoy sobre tu comunión con Dios. Busca maneras de fortalecer tu relación con Él y de mantener una comunicación constante y sincera.

Oración

Señor, gracias por estar cercano a todos los que te invocan de veras. Ayúdame a mantener una comunión constante contigo y a buscarte con un corazón sincero. Llena mi vida con tu presencia y fortaléceme en cada área de mi vida. Amén.

Día 59: La sanidad en el amor de Dios

Cita bíblica

"El Señor es bueno, un refugio en tiempos de angustia; protege a los que en él confían." - Nahúm 1:7

Reflexión

El amor de Dios es un refugio seguro en tiempos de angustia. Su amor incondicional nos protege y nos brinda la sanidad que necesitamos. Cuando confiamos en Su amor, encontramos consuelo y fortaleza para enfrentar cualquier situación.

Buscar refugio en el amor de Dios implica confiar en Su bondad y en Su cuidado constante. Es permitir que Su amor nos rodee y nos dé paz, sabiendo que somos amadas y protegidas por Él.

Reflexiona hoy sobre el amor de Dios y cómo puedes encontrar sanidad en Él. Deja que Su amor sea tu fortaleza y consuelo en todo momento.

Oración

Señor, gracias por tu amor incondicional que es mi refugio en tiempos de angustia. Ayúdame a confiar en tu bondad y a encontrar paz en tu amor. Protege mi corazón y lléname de tu consuelo. Amén.

Día 60: La fortaleza en la confianza en Dios

Cita bíblica

"Confía en el Señor con todo tu corazón, y no te apoyes en tu propia prudencia." - Proverbios 3:5

Reflexión

La confianza en Dios es un pilar fundamental en la vida cristiana. En un mundo lleno de incertidumbres y desafíos, es fácil intentar apoyarnos en nuestra propia sabiduría y entendimiento. Sin embargo, la Biblia nos recuerda que nuestra verdadera fortaleza y guía provienen de confiar plenamente en el Señor.

Confianza significa entregar nuestras preocupaciones, miedos y planes a Dios, creyendo que Él tiene el control y sabe lo que es mejor para nosotros. No siempre es fácil dejar de lado nuestro propio entendimiento, pero cuando lo hacemos, encontramos una paz que trasciende todas las circunstancias.

Reflexiona hoy sobre las áreas de tu vida donde puedes necesitar confiar más en Dios. ¿Hay algo que te está preocupando o que te resulta difícil soltar? Entrégaselo al Señor y confía en que Él te guiará y proveerá todo lo que necesitas.

Oración

Señor, hoy elijo confiar en Ti con todo mi corazón. Ayúdame a no apoyarme en mi propia prudencia, sino a buscar Tu guía en cada área de mi vida. Enséñame a depender completamente de Tu sabiduría y amor. Amén.

Sección 4: Propósito y dirección

Dios tiene un propósito y un plan perfecto para cada una de nosotras. En esta sección, descubriremos cómo podemos discernir y seguir el propósito que Dios tiene para nuestras vidas, confiando en Su dirección en cada paso del camino.

Día 61: Descubriendo el propósito de Dios

Cita bíblica

"Porque yo sé los planes que tengo para ustedes, declara el Señor, planes de bienestar y no de calamidad, para darles un futuro y una esperanza." - Jeremías 29:11

Reflexión

Dios tiene un propósito y un plan específico para cada una de nosotras. Sus planes son de bienestar y no de calamidad, y nos ofrecen un futuro lleno de esperanza. Descubrir el propósito de Dios para nuestras vidas nos da dirección y significado.

Buscar el propósito de Dios implica orar y escuchar Su voz, confiar en Su guía y estar dispuestas a seguir Su plan, incluso cuando no comprendemos todos los detalles. Es un viaje de fe y obediencia que nos lleva a vivir en plenitud y satisfacción.

Reflexiona hoy sobre el propósito de Dios para tu vida. Ora y pide dirección, confiando en que Él tiene un plan perfecto y lleno de esperanza para ti.

Oración

Señor, gracias por los planes que tienes para mí. Ayúdame a descubrir y seguir tu propósito para mi vida. Llena mi corazón de esperanza y confianza en tu guía. Que mi vida refleje tu plan perfecto. Amén.

Día 62: Siguiendo la voluntad de Dios

Cita bíblica

"No os conforméis a este mundo, sino transformaos por medio de la renovación de vuestro entendimiento, para que comprobéis cuál sea la buena voluntad de Dios, agradable y perfecta." - Romanos 12:2

Reflexión

Seguir la voluntad de Dios implica no conformarnos a los patrones de este mundo, sino permitir que nuestra mente sea transformada por Su Palabra. Al renovar nuestro entendimiento, podemos discernir y seguir la buena, agradable y perfecta voluntad de Dios.

La voluntad de Dios nos guía hacia una vida de propósito y significado. Nos lleva a vivir de manera que honremos a Dios y reflejemos Su amor y gracia a los demás.

Reflexiona hoy sobre cómo puedes seguir la voluntad de Dios en tu vida. Permite que Su Palabra transforme tu mente y te guíe en el camino correcto.

Oración

Señor, ayúdame a no conformarme a este mundo, sino a permitir que tu Palabra transforme mi mente. Guíame en tu buena, agradable y perfecta voluntad. Que mi vida refleje tu propósito y traiga gloria a tu nombre. Amén.

Día 63: Viviendo con propósito

Cita bíblica

"Y sabemos que a los que aman a Dios, todas las cosas les ayudan a bien, esto es, a los que conforme a su propósito son llamados." - Romanos 8:28

Reflexión

Vivir con propósito significa reconocer que todas las cosas obran para bien para aquellos que aman a Dios y son llamados conforme a Su propósito. Esta verdad nos da la confianza de que, incluso en medio de las dificultades, Dios está obrando para nuestro bien.

Tener un propósito claro nos motiva y nos da dirección. Nos ayuda a enfocar nuestras energías y talentos en aquello que realmente importa, alineando nuestras vidas con la voluntad de Dios.

Reflexiona hoy sobre tu propósito y cómo puedes vivir de acuerdo con él. Confía en que Dios está obrando en tu vida para tu bien y busca maneras de alinear tus acciones con Su propósito.

Oración

Señor, gracias porque todas las cosas obran para bien para los que te aman y son llamados conforme a tu propósito. Ayúdame a vivir con propósito y a alinear mis acciones con tu voluntad. Confío en que estás obrando para mi bien. Amén.

Día 64: Buscando la dirección de Dios

Cita bíblica

"Confía en el Señor con todo tu corazón, y no te apoyes en tu propia prudencia. Reconócelo en todos tus caminos, y él enderezará tus veredas." - Proverbios 3:5-6

Reflexión

Buscar la dirección de Dios implica confiar en Él con todo nuestro corazón y no apoyarnos en nuestra propia prudencia. Reconocer a Dios en todos nuestros caminos nos asegura que Él enderezará nuestras veredas y nos guiará en la dirección correcta.

Confiar en la dirección de Dios nos da paz y seguridad, sabiendo que Él tiene el control y que Sus caminos son mejores que los nuestros. Es un acto de fe y obediencia que nos lleva a vivir en plenitud y satisfacción.

Reflexiona hoy sobre cómo puedes buscar la dirección de Dios en tu vida. Entrégale tus caminos y confía en que Él te guiará y enderezará tus veredas.

Oración

Señor, confío en ti con todo mi corazón y no me apoyo en mi propia prudencia. Te reconozco en todos mis caminos y confío en que tú enderezarás mis veredas. Guíame en la dirección correcta y ayúdame a seguir tu voluntad. Amén.

Día 65: La guía del Espíritu Santo

Cita bíblica

"Pero cuando venga el Espíritu de verdad, él os guiará a toda la verdad." - Juan 16:13

Reflexión

El Espíritu Santo es nuestro guía hacia toda la verdad. Él nos enseña y nos recuerda las palabras de Jesús, iluminando nuestro entendimiento y dándonos la sabiduría que necesitamos para tomar decisiones correctas.

Permitir que el Espíritu Santo nos guíe implica estar sensibles a Su voz y dispuestas a seguir Su dirección. Es un acto de rendición y confianza en Su poder y sabiduría.

Reflexiona hoy sobre la importancia de la guía del Espíritu Santo en tu vida. Pide que Él te llene y te guíe hacia toda la verdad, permitiendo que Su presencia sea tu guía constante.

Oración

Espíritu Santo, gracias por ser mi guía hacia toda la verdad. Llena mi vida y guíame en cada decisión que tome. Ayúdame a estar sensible a tu voz y dispuesta a seguir tu dirección. Que tu presencia sea mi guía constante. Amén.

Día 66: Encontrando la paz en el propósito de Dios

Cita bíblica

"Y la paz de Dios, que sobrepasa todo entendimiento, guardará sus corazones y sus mentes en Cristo Jesús." - Filipenses 4:7

Reflexión

Encontrar la paz en el propósito de Dios significa confiar en que Sus planes son buenos y que Él está en control. La paz de Dios, que sobrepasa todo entendimiento, guarda nuestros corazones y mentes en Cristo Jesús, dándonos la tranquilidad de que estamos en Su voluntad.

Vivir en el propósito de Dios nos da una profunda paz y satisfacción. Nos permite enfrentar los desafíos con confianza y alegría, sabiendo que estamos en el camino correcto.

Reflexiona hoy sobre la paz que encuentras en el propósito de Dios. Confía en que Sus planes son buenos y permite que Su paz guarde tu corazón y tu mente.

Oración

Señor, gracias por la paz que encuentro en tu propósito. Ayúdame a confiar en que tus planes son buenos y a vivir con confianza y alegría en tu voluntad. Que tu paz, que sobrepasa todo entendimiento, guarde mi corazón y mi mente en Cristo Jesús. Amén.

Día 67: Perseverando en el propósito de Dios

Cita bíblica

"Y no nos cansemos de hacer el bien, porque a su tiempo segaremos, si no desmayamos." - Gálatas 6:9

Reflexión

Perseverar en el propósito de Dios implica no cansarnos de hacer el bien, confiando en que a su tiempo segaremos si no desmayamos. La perseverancia nos permite mantenernos firmes en nuestra fe y en nuestra obediencia a Dios, incluso cuando enfrentamos dificultades y desafíos.

La perseverancia en el propósito de Dios nos da la certeza de que nuestras acciones tienen un impacto eterno y que Dios recompensará nuestra fidelidad. Nos anima a seguir adelante, confiando en Su promesa de cosechar a su tiempo.

Reflexiona hoy sobre la importancia de perseverar en el propósito de Dios. Pide fortaleza para mantenerte firme y continuar haciendo el bien, confiando en que Dios recompensará tu fidelidad.

Oración

Señor, ayúdame a perseverar en tu propósito y a no cansarme de hacer el bien. Fortaléceme para mantenerme firme en mi fe y en mi obediencia a ti. Confío en tu promesa de cosechar a su tiempo y espero en tu recompensa. Amén.

Día 68: La dirección divina

Cita bíblica

"El hombre propone, y Dios dispone." - Proverbios 16:9

Reflexión

Aunque hacemos planes y tomamos decisiones, es Dios quien dirige nuestros pasos. Su dirección divina nos asegura que, incluso cuando nuestros planes cambian, Él tiene el control y guía nuestras vidas hacia Su propósito.

Confiar en la dirección divina de Dios nos da la seguridad de que no estamos solas y que Él tiene un plan perfecto para nosotras. Nos permite rendir nuestros propios planes y confiar en Su sabiduría y guía.

Reflexiona hoy sobre la importancia de la dirección divina en tu vida. Rinde tus planes a Dios y confía en que Él guiará tus pasos hacia Su propósito perfecto.

Oración

Señor, gracias por dirigir mis pasos y por tener un plan perfecto para mi vida. Rindo mis planes a ti y confío en tu sabiduría y guía. Ayúdame a seguir tu dirección divina y a confiar en tu control. Amén.

Día 69: La voluntad de Dios en nuestras vidas

Cita bíblica

"Porque este es el amor de Dios: que guardemos sus mandamientos; y sus mandamientos no son gravosos." - 1 Juan 5:3

Reflexión

La voluntad de Dios para nuestras vidas se revela a través de Sus mandamientos, que son una expresión de Su amor por nosotras. Guardar Sus mandamientos nos permite vivir en Su voluntad y experimentar Su bendición y guía.

Vivir en la voluntad de Dios no es una carga, sino una fuente de libertad y alegría. Nos da la dirección y el propósito que necesitamos para vivir una vida plena y satisfactoria.

Reflexiona hoy sobre la voluntad de Dios en tu vida. Busca maneras de guardar Sus mandamientos y de vivir en Su amor y propósito.

Oración

Señor, gracias por revelar tu voluntad a través de tus mandamientos. Ayúdame a guardar tus mandamientos y a vivir en tu amor y propósito. Que mi vida refleje tu voluntad y traiga gloria a tu nombre. Amén.

Día 70: Viviendo para la gloria de Dios

Cita bíblica

"Así alumbre vuestra luz delante de los hombres, para que vean vuestras buenas obras y glorifiquen a vuestro Padre que está en los cielos." - Mateo 5:16

Reflexión

Vivir para la gloria de Dios significa permitir que nuestra luz brille delante de los hombres, de manera que vean nuestras buenas obras y glorifiquen a nuestro Padre celestial. Nuestras acciones y decisiones deben reflejar el amor y la gracia de Dios, apuntando siempre a Su gloria.

Cuando vivimos para la gloria de Dios, nuestras vidas tienen un propósito mayor que nosotras mismas. Nos convertimos en testigos de Su amor y poder, impactando a aquellos que nos rodean y llevándolos a glorificar a Dios.

Reflexiona hoy sobre cómo puedes vivir para la gloria de Dios. Busca maneras de permitir que tu luz brille y de glorificar a Dios en todo lo que haces.

Oración

Señor, ayúdame a vivir para tu gloria y a permitir que mi luz brille delante de los hombres. Que mis buenas obras reflejen tu amor y gracia, y que mi vida lleve a otros a glorificar tu nombre. Amén.

Día 71: El propósito eterno de Dios

Cita bíblica

"En él asimismo tuvimos herencia, habiendo sido predestinados conforme al propósito del que hace todas las cosas según el designio de su voluntad." - Efesios 1:11

Reflexión

Dios tiene un propósito eterno para cada una de nosotras, predestinado conforme a Su voluntad. Este propósito va más allá de nuestras circunstancias temporales y nos da una perspectiva eterna. Nos asegura que estamos en las manos de un Dios amoroso y soberano.

Vivir de acuerdo con el propósito eterno de Dios nos da un sentido profundo de significado y dirección. Nos permite enfrentar los desafíos con la confianza de que nuestras vidas tienen un impacto eterno y que Dios está obrando en nosotras y a través de nosotras.

Reflexiona hoy sobre el propósito eterno de Dios para tu vida. Busca maneras de vivir de acuerdo con Su voluntad y de enfocarte en el impacto eterno de tus acciones.

Oración

Señor, gracias por el propósito eterno que tienes para mí. Ayúdame a vivir de acuerdo con tu voluntad y a enfocar mis acciones en el impacto eterno. Que mi vida refleje tu propósito y traiga gloria a tu nombre. Amén.

Día 72: La obediencia al llamado de Dios

Cita bíblica

"Y todo lo que hagáis, hacedlo de corazón, como para el Señor y no para los hombres." - Colosenses 3:23

Reflexión

La obediencia al llamado de Dios implica hacer todas las cosas de corazón, como para el Señor y no para los hombres. Esta actitud de obediencia y servicio nos permite vivir en el propósito de Dios y reflejar Su amor y gracia en todas nuestras acciones.

Obedecer el llamado de Dios nos da la confianza de que estamos viviendo de acuerdo con Su plan y propósito. Nos permite impactar a los demás de manera positiva y glorificar a Dios en todo lo que hacemos.

Reflexiona hoy sobre cómo puedes obedecer el llamado de Dios en tu vida. Busca maneras de hacer todas las cosas de corazón, como para el Señor, y de vivir en Su propósito.

Oración

Señor, ayúdame a obedecer tu llamado y a hacer todas las cosas de corazón, como para ti y no para los hombres. Que mi vida refleje tu propósito y traiga gloria a tu nombre. Amén.

Día 73: La satisfacción en el propósito de Dios

Cita bíblica

"Y mi Dios proveerá a todas vuestras necesidades, conforme a sus riquezas en gloria en Cristo Jesús." - Filipenses 4:19

Reflexión

Encontrar satisfacción en el propósito de Dios significa confiar en que Él proveerá todas nuestras necesidades conforme a Sus riquezas en gloria en Cristo Jesús. Esta confianza nos permite vivir con paz y alegría, sabiendo que estamos en las manos de un Dios amoroso y generoso.

La satisfacción en el propósito de Dios nos da la seguridad de que nuestras vidas tienen un significado y un valor eterno. Nos permite enfrentar los desafíos con la confianza de que Dios está obrando para nuestro bien y que Él suplirá todas nuestras necesidades.

Reflexiona hoy sobre la satisfacción que encuentras en el propósito de Dios. Confía en Su provisión y permite que Su paz y alegría llenen tu corazón.

Oración

Señor, gracias por proveer todas mis necesidades conforme a tus riquezas en gloria en Cristo Jesús. Ayúdame a encontrar satisfacción en tu propósito y a vivir con paz y alegría, confiando en tu amor y provisión. Amén.

Día 74: La dirección en la palabra de Dios

Cita bíblica

"Lámpara es a mis pies tu palabra, y lumbrera a mi camino." - Salmo 119:105

Reflexión

La Palabra de Dios es una lámpara a nuestros pies y una lumbrera a nuestro camino. Nos da la dirección y la sabiduría que necesitamos para tomar decisiones correctas y seguir el propósito de Dios en nuestras vidas.

Meditar en las Escrituras nos llena de luz y nos capacita para caminar en el camino correcto. Nos da la confianza de que estamos viviendo de acuerdo con la voluntad de Dios y de que Su Palabra es una guía segura y confiable.

Reflexiona hoy sobre la importancia de la Palabra de Dios en tu vida. Dedica tiempo a meditar en las Escrituras y permite que Su luz te guíe en el camino correcto.

Oración

Señor, gracias por tu Palabra que es una lámpara a mis pies y una lumbrera a mi camino. Ayúdame a meditar en las Escrituras y a permitir que tu luz me guíe en el camino correcto. Que mi vida refleje tu dirección y sabiduría. Amén.

Cita bíblica

"Por tanto, id, y haced discípulos a todas las naciones, bautizándolos en el nombre del Padre, y del Hijo, y del Espíritu Santo." - Mateo 28:19

Reflexión

La misión de Dios nos da la fortaleza y el propósito para vivir nuestras vidas con significado y dirección. Ir y hacer discípulos a todas las naciones es un llamado a compartir el amor y la gracia de Dios con aquellos que nos rodean.

Cumplir la misión de Dios nos da la seguridad de que estamos viviendo de acuerdo con Su voluntad y propósito. Nos permite impactar al mundo de manera positiva y llevar el mensaje de salvación a aquellos que lo necesitan.

Reflexiona hoy sobre la misión de Dios en tu vida. Busca maneras de cumplir con el llamado de ir y hacer discípulos, compartiendo el amor y la gracia de Dios con los demás.

Oración

Señor, gracias por la misión que me has dado de ir y hacer discípulos a todas las naciones. Ayúdame a cumplir con este llamado y a vivir con propósito y significado, compartiendo tu amor y gracia con aquellos que me rodean. Amén.

Día 76: La dirección en la oración

Cita bíblica

"Clama a mí, y yo te responderé, y te enseñaré cosas grandes y ocultas que tú no conoces." - Jeremías 33:3

Reflexión

La oración es una fuente poderosa de dirección y sabiduría. Clamar a Dios nos permite acceder a Su conocimiento y comprensión, revelándonos cosas grandes y ocultas que no conocemos. La oración nos conecta con el corazón de Dios y nos guía en el camino correcto.

Buscar dirección en la oración nos da la confianza de que Dios escucha y responde nuestras peticiones. Nos permite enfrentar los desafíos con la seguridad de que no estamos solas y de que Dios está obrando en nuestras vidas.

Reflexiona hoy sobre la importancia de la oración en tu vida. Dedica tiempo a clamar a Dios y a buscar Su dirección y sabiduría en todas tus decisiones.

Oración

Señor, gracias por escuchar y responder mis oraciones. Ayúdame a clamar a ti y a buscar tu dirección y sabiduría en todas mis decisiones. Que mi vida refleje tu guía y conocimiento. Amén.

Día 77: La paz en el propósito de Dios

Cita bíblica

"La paz os dejo, mi paz os doy; yo no os la doy como el mundo la da. No se turbe vuestro corazón, ni tenga miedo." - Juan 14:27

Reflexión

Encontrar paz en el propósito de Dios significa aceptar la paz que Jesús nos ofrece, una paz que el mundo no puede dar. Esta paz nos permite vivir sin temor y con la seguridad de que estamos en las manos de un Dios amoroso y soberano.

La paz en el propósito de Dios nos da la tranquilidad de que estamos viviendo de acuerdo con Su plan y de que Él tiene el control de nuestras vidas. Nos permite enfrentar los desafíos con confianza y serenidad, sabiendo que Su paz guarda nuestros corazones y mentes.

Reflexiona hoy sobre la paz que encuentras en el propósito de Dios. Acepta la paz que Jesús te ofrece y permite que guarde tu corazón y tu mente en todo momento.

Oración

Señor, gracias por la paz que me ofreces, una paz que el mundo no puede dar. Ayúdame a encontrar paz en tu propósito y a vivir sin temor, confiando en tu amor y soberanía. Que tu paz guarde mi corazón y mi mente en todo momento. Amén.

Día 78: La dirección en la fe

Cita bíblica

"Porque por fe andamos, no por vista." - 2 Corintios 5:7

Reflexión

Andar por fe y no por vista significa confiar en la dirección de Dios, incluso cuando no podemos ver el camino completo. La fe nos permite seguir adelante con la certeza de que Dios está guiando nuestros pasos y de que Su plan es perfecto.

Confiar en la dirección de Dios por fe nos da la seguridad de que no estamos solas y de que Él tiene un propósito y un plan para nuestras vidas. Nos permite enfrentar los desafíos con valentía y esperanza, sabiendo que Dios está obrando en nosotras y a través de nosotras.

Reflexiona hoy sobre la importancia de andar por fe y no por vista. Confía en la dirección de Dios y permite que Su guía te lleve en el camino correcto.

Oración

Señor, ayúdame a andar por fe y no por vista. Confío en tu dirección y en tu plan perfecto para mi vida. Fortaléceme para seguir adelante con valentía y esperanza, sabiendo que estás guiando mis pasos. Amén.

Día 79: La fortaleza en el plan de Dios

Cita bíblica

"Porque yo sé los planes que tengo para vosotros, dice el Señor, planes de bienestar y no de calamidad, para daros un futuro y una esperanza." - Jeremías 29:11

Reflexión

La fortaleza en el plan de Dios proviene de la confianza de que Sus planes son de bienestar y no de calamidad, para darnos un futuro y una esperanza. Esta confianza nos permite enfrentar los desafíos con la certeza de que Dios está obrando para nuestro bien.

Confiar en el plan de Dios nos da la seguridad de que nuestras vidas tienen un propósito y un significado eterno. Nos permite vivir con esperanza y alegría, sabiendo que Dios tiene un futuro lleno de promesas para nosotras.

Reflexiona hoy sobre la fortaleza que encuentras en el plan de Dios. Confía en Sus planes de bienestar y permite que Su esperanza y futuro te llenen de alegría y confianza.

Oración

Señor, gracias por los planes de bienestar que tienes para mí. Ayúdame a confiar en tu plan y a encontrar fortaleza en la certeza de que tienes un futuro y una esperanza para mí. Llena mi vida de alegría y confianza en tus promesas. Amén.

Día 80: La dirección en la bbediencia

Cita bíblica

"Bienaventurados los que oyen la palabra de Dios y la guardan." - Lucas 11:28

Reflexión

La dirección en la obediencia a la Palabra de Dios nos lleva a una vida de bendición y propósito. Oír la Palabra de Dios y guardarla nos asegura que estamos viviendo de acuerdo con Su voluntad y que estamos alineadas con Su propósito para nuestras vidas.

Obedecer la Palabra de Dios nos da la confianza de que estamos en el camino correcto y de que nuestras acciones están impactando positivamente a aquellos que nos rodean. Nos permite vivir con la seguridad de que estamos agradando a Dios y de que Él está obrando en nosotras.

Reflexiona hoy sobre la importancia de la obediencia a la Palabra de Dios en tu vida. Busca maneras de oír y guardar Su Palabra, y permite que Su dirección guíe tus pasos.

Oración

Señor, ayúdame a oír y guardar tu Palabra. Que mi vida refleje tu dirección y propósito, y que mis acciones impacten positivamente a los que me rodean. Gracias por la bendición y el propósito que encuentro en la obediencia a tu Palabra. Amén.

Sección 5: Gratitud y alabanza

Vivir en gratitud y alabanza nos conecta con el corazón de Dios. A lo largo de esta sección, serás invitada a cultivar un espíritu de agradecimiento y a expresar tu alabanza a Dios en todas las circunstancias de la vida.

Día 81: Agradeciendo por la bondad de Dios

Cita bíblica

"Alabad a Jehová, porque él es bueno; porque para siempre es su misericordia." - Salmo 107:1

Reflexión

Agradecer por la bondad de Dios es una expresión de alabanza y reconocimiento de Su amor y misericordia. Dios es bueno y Su misericordia es eterna, y al agradecer por Su bondad, fortalecemos nuestra fe y nuestra relación con Él.

La gratitud por la bondad de Dios nos llena de gozo y nos permite ver Su mano obrando en nuestras vidas. Nos da la confianza de que Él siempre está con nosotras, cuidándonos y guiándonos.

Reflexiona hoy sobre la bondad de Dios en tu vida. Agradece por Su amor y misericordia, y permite que la gratitud llene tu corazón de gozo y confianza.

Oración

Señor, gracias por tu bondad y por tu misericordia eterna. Agradezco por tu amor y por tu cuidado constante en mi vida. Llena mi corazón de gratitud y de gozo, y fortalece mi fe en ti. Amén.

Día 82: Alabando en medio de las pruebas

Cita bíblica

"Regocijaos en el Señor siempre. Otra vez digo: ¡Regocijaos!" - Filipenses 4:4

Reflexión

Alabar a Dios en medio de las pruebas es un acto de fe y confianza en Su soberanía y bondad. Regocijarnos en el Señor siempre, incluso en las dificultades, nos permite mantener una perspectiva correcta y nos llena de Su paz y alegría.

La alabanza en medio de las pruebas nos fortalece y nos da la certeza de que Dios está obrando en nuestras vidas, incluso cuando no entendemos las circunstancias. Nos permite enfrentar los desafíos con esperanza y confianza en Su fidelidad.

Reflexiona hoy sobre la importancia de alabar a Dios en medio de las pruebas. Busca maneras de regocijarte en el Señor siempre y de mantener una actitud de alabanza y gratitud en todo momento.

Oración

Señor, ayúdame a alabarte en medio de las pruebas y a regocijarme en ti siempre. Fortalece mi fe y mi confianza en tu soberanía y bondad. Llena mi corazón de tu paz y alegría, y que mi alabanza sea un testimonio de tu fidelidad. Amén.

Día 83: Agradeciendo por las bendiciones cotidianas

Cita bíblica

"Bendice, alma mía, a Jehová, y no olvides ninguno de sus beneficios." - Salmo 103:2

Reflexión

Agradecer por las bendiciones cotidianas nos ayuda a mantener una actitud de gratitud y de reconocimiento de la mano de Dios en nuestras vidas. Bendecir a Dios y no olvidar ninguno de Sus beneficios nos llena de Su paz y alegría.

Las bendiciones cotidianas, aunque a veces pasen desapercibidas, son una muestra del amor y cuidado de Dios por nosotras. Reconocer y agradecer por estas bendiciones nos permite vivir con una perspectiva de gratitud y contentamiento.

Reflexiona hoy sobre las bendiciones cotidianas en tu vida. Haz una lista de estas bendiciones y agradece a Dios por cada una de ellas, permitiendo que la gratitud llene tu corazón.

Oración

Señor, gracias por las bendiciones cotidianas que derramas en mi vida. Ayúdame a no olvidar ninguno de tus beneficios y a vivir con una actitud de gratitud y contentamiento. Llena mi corazón de tu paz y alegría, y que mi vida sea un testimonio de tu amor y cuidado. Amén.

Día 84: Alabando por la creación de Dios

Cita bíblica

"Los cielos cuentan la gloria de Dios, y el firmamento anuncia la obra de sus manos." - Salmo 19:1

Reflexión

Alabar a Dios por Su creación nos permite reconocer Su grandeza y Su poder. Los cielos cuentan la gloria de Dios y el firmamento anuncia la obra de Sus manos, recordándonos que estamos rodeadas de la evidencia de Su amor y majestad.

La creación de Dios nos inspira a adorarle y a darle gracias por Su bondad y creatividad. Nos llena de asombro y de un sentido profundo de Su presencia en nuestras vidas.

Reflexiona hoy sobre la creación de Dios y cómo puedes alabarle por Su obra maravillosa. Dedica tiempo a disfrutar de la naturaleza y a darle gracias a Dios por Su creación.

Oración

Señor, gracias por la maravilla de tu creación. Los cielos cuentan tu gloria y el firmamento anuncia la obra de tus manos. Ayúdame a alabar tu grandeza y a darte gracias por tu bondad y creatividad. Llena mi corazón de asombro y gratitud por tu presencia en mi vida. Amén.

Día 85: Agradeciendo por la familia

Cita bíblica

"He aquí, herencia de Jehová son los hijos; cosa de estima el fruto del vientre." - Salmo 127:3

Reflexión

La familia es un regalo precioso de Dios, una herencia y una bendición que debemos valorar y agradecer. Agradecer por la familia nos permite reconocer el amor y el cuidado de Dios en nuestras relaciones más cercanas.

Nuestra familia, con todas sus alegrías y desafíos, es una muestra del amor y la gracia de Dios. Agradecer por la familia nos llena de gratitud y nos permite vivir con una perspectiva de amor y aprecio por aquellos que Dios ha puesto en nuestras vidas.

Reflexiona hoy sobre la bendición de la familia. Agradece a Dios por cada miembro de tu familia y busca maneras de mostrar tu amor y aprecio por ellos.

Oración

Señor, gracias por la bendición de mi familia. Agradezco por cada miembro y por el amor y cuidado que has derramado en nuestras vidas. Ayúdame a valorar y apreciar a mi familia y a mostrarles mi amor y gratitud. Llena nuestro hogar de tu paz y alegría. Amén.

Día 86: Alabando por la salvación

Cita bíblica

"Porque de tal manera amó Dios al mundo, que ha dado a su Hijo unigénito, para que todo aquel que en él cree no se pierda, mas tenga vida eterna." - Juan 3:16

Reflexión

Alabar a Dios por la salvación que nos ha dado a través de Su Hijo Jesucristo es un acto de gratitud y adoración. La salvación es el regalo más grande que hemos recibido, una muestra del amor incondicional de Dios por nosotras.

La salvación nos da la esperanza de vida eterna y nos permite vivir con la certeza de que somos amadas y perdonadas por Dios. Alabarle por la salvación nos llena de alegría y nos motiva a compartir este amor con los demás.

Reflexiona hoy sobre la salvación que has recibido en Cristo. Agradece a Dios por Su amor y gracia, y permite que tu alabanza sea un testimonio de Su salvación.

Oración

Señor, gracias por la salvación que me has dado a través de tu Hijo Jesucristo. Agradezco por tu amor y gracia, y por la esperanza de vida eterna. Llena mi corazón de alegría y permíteme compartir tu amor con los demás. Que mi alabanza sea un testimonio de tu salvación. Amén.

Día 87: Agradeciendo por la gracia de Dios

Cita bíblica

"Porque por gracia sois salvos por medio de la fe; y esto no de vosotros, pues es don de Dios." - Efesios 2:8

Reflexión

La gracia de Dios es un don maravilloso que nos ofrece salvación y vida eterna. Agradecer por la gracia de Dios nos permite reconocer que no hemos hecho nada para merecer Su amor, sino que es un regalo inmerecido de Su parte.

La gracia de Dios nos llena de gratitud y nos motiva a vivir de acuerdo con Su voluntad. Nos permite experimentar Su amor y misericordia de una manera profunda y transformadora.

Reflexiona hoy sobre la gracia de Dios en tu vida. Agradece por este don maravilloso y permite que Su gracia te llene de amor y gratitud.

Oración

Señor, gracias por tu gracia que me ofrece salvación y vida eterna. Agradezco por este don inmerecido y por tu amor y misericordia. Llena mi corazón de gratitud y permíteme vivir de acuerdo con tu voluntad. Amén.

Día 88: Alabando por las promesas de Dios

Cita bíblica

"Fiel es el que os llama, el cual también lo hará." - 1 Tesalonicenses 5:24

Reflexión

Las promesas de Dios son una fuente inagotable de esperanza y confianza. Alabar a Dios por Sus promesas nos permite reconocer Su fidelidad y Su amor constante por nosotras. Él es fiel y cumplirá cada una de Sus promesas.

Las promesas de Dios nos dan la certeza de que estamos en las manos de un Dios amoroso y soberano. Nos permiten enfrentar los desafíos con confianza y esperanza, sabiendo que Él es fiel a Su palabra.

Reflexiona hoy sobre las promesas de Dios en tu vida. Agradece por Su fidelidad y permite que Su palabra llene tu corazón de esperanza y confianza.

Oración

Señor, gracias por tus promesas que son una fuente de esperanza y confianza. Agradezco por tu fidelidad y por cumplir cada una de tus promesas. Llena mi corazón de esperanza y permíteme confiar en tu palabra en todo momento. Amén.

Día 89: Agradeciendo por la protección de Dios

Cita bíblica

"El Señor es mi fortaleza y mi escudo; en él confió mi corazón, y fui ayudado; por lo que se gozó mi corazón, y con mi cántico le alabaré." - Salmo 28:7

Reflexión

La protección de Dios es una muestra de Su amor y cuidado constante por nosotras. Agradecer por Su protección nos permite reconocer Su presencia y Su ayuda en nuestras vidas. Él es nuestra fortaleza y nuestro escudo.

La protección de Dios nos da la seguridad de que no estamos solas y de que Él está obrando a nuestro favor. Nos permite vivir con confianza y gozo, sabiendo que estamos en las manos de un Dios poderoso y amoroso.

Reflexiona hoy sobre la protección de Dios en tu vida. Agradece por Su cuidado y ayuda constante, y permite que la gratitud llene tu corazón de gozo.

Oración

Señor, gracias por ser mi fortaleza y mi escudo. Agradezco por tu protección y por tu ayuda constante en mi vida. Llena mi corazón de gozo y confianza, y que mi alabanza sea un testimonio de tu amor y cuidado. Amén.

Día 90: Alabando por la fidelidad de Dios

Cita bíblica

"Por la misericordia del Señor no hemos sido consumidos, porque nunca decayeron sus misericordias. Nuevas son cada mañana; grande es tu fidelidad." - Lamentaciones 3:22-23

Reflexión

La fidelidad de Dios es una fuente constante de esperanza y consuelo. Sus misericordias son nuevas cada mañana y Su fidelidad es grande. Alabar a Dios por Su fidelidad nos permite reconocer Su amor y Su constancia en nuestras vidas.

La fidelidad de Dios nos da la seguridad de que Él siempre estará con nosotras, cumpliendo Sus promesas y guiándonos en Su amor. Nos permite enfrentar los desafíos con confianza y esperanza, sabiendo que Dios es fiel en todo momento.

Reflexiona hoy sobre la fidelidad de Dios en tu vida. Agradece por Su misericordia y constancia, y permite que tu alabanza sea un testimonio de Su amor.

Oración

Señor, gracias por tu fidelidad que es grande y por tus misericordias que son nuevas cada mañana. Agradezco por tu amor y tu constancia en mi vida. Llena mi corazón de esperanza y confianza, y que mi alabanza sea un testimonio de tu fidelidad. Amén.

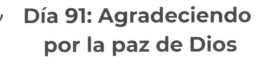

Día 91: Agradeciendo por la paz de Dios

Cita bíblica

"Y la paz de Dios, que sobrepasa todo entendimiento, guardará sus corazones y sus mentes en Cristo Jesús." - Filipenses 4:7

Reflexión

La paz de Dios es un don maravilloso que nos permite vivir con serenidad y confianza, incluso en medio de las dificultades. Agradecer por la paz de Dios nos permite reconocer Su presencia y Su amor en nuestras vidas.

La paz de Dios guarda nuestros corazones y mentes en Cristo Jesús, dándonos la seguridad de que estamos en Sus manos. Nos permite enfrentar los desafíos con serenidad y esperanza, sabiendo que Él está obrando en nosotras y a través de nosotras.

Reflexiona hoy sobre la paz de Dios en tu vida. Agradece por Su paz que sobrepasa todo entendimiento y permite que llene tu corazón de serenidad y confianza.

Oración

Señor, gracias por la paz que me ofreces, una paz que sobrepasa todo entendimiento. Agradezco por tu presencia y tu amor en mi vida. Llena mi corazón de serenidad y confianza, y que mi alabanza sea un testimonio de tu paz. Amén.

Día 92: Alabando
por la sabiduría de Dios

Cita bíblica

"Porque el Señor da la sabiduría; de su boca viene el conocimiento y la inteligencia." - Proverbios 2:6

Reflexión

La sabiduría de Dios es un don precioso que nos guía y nos capacita para vivir de acuerdo con Su voluntad. Alabar a Dios por Su sabiduría nos permite reconocer Su poder y Su amor en nuestras vidas.

La sabiduría de Dios nos da la dirección y la comprensión que necesitamos para tomar decisiones correctas y seguir Su propósito. Nos permite enfrentar los desafíos con confianza y esperanza, sabiendo que Él nos guía y nos capacita.

Reflexiona hoy sobre la sabiduría de Dios en tu vida. Agradece por Su sabiduría y permite que Su dirección y comprensión guíen tus pasos.

Oración

Señor, gracias por la sabiduría que me das. Agradezco por tu dirección y tu comprensión en mi vida. Llena mi corazón de confianza y esperanza, y que mi alabanza sea un testimonio de tu sabiduría. Amén.

Día 93: Agradeciendo por la misericordia de Dios

Cita bíblica

"El Señor es compasivo y misericordioso, lento para la ira y grande en amor." - Salmo 103:8

Reflexión

La misericordia de Dios es una muestra de Su amor y compasión por nosotras. Agradecer por Su misericordia nos permite reconocer Su gracia y Su bondad en nuestras vidas. Dios es compasivo y misericordioso, lento para la ira y grande en amor.

La misericordia de Dios nos da la seguridad de que somos amadas y perdonadas, y nos permite vivir con gratitud y esperanza. Nos llena de Su paz y Su alegría, sabiendo que estamos en las manos de un Dios amoroso y misericordioso.

Reflexiona hoy sobre la misericordia de Dios en tu vida. Agradece por Su amor y compasión, y permite que la gratitud llene tu corazón de paz y alegría.

Oración

Señor, gracias por tu misericordia y compasión. Agradezco por tu gracia y tu bondad en mi vida. Llena mi corazón de gratitud y esperanza, y que mi alabanza sea un testimonio de tu amor. Amén.

Día 94: Alabando
por la fortaleza de Dios

Cita bíblica

"El Señor es mi roca, mi fortaleza y mi libertador; mi Dios es mi roca, en quien me refugio; mi escudo y el poder de mi salvación, mi torre inexpugnable." - Salmo 18:2

Reflexión

La fortaleza de Dios es una fuente constante de seguridad y confianza. Alabar a Dios por Su fortaleza nos permite reconocer Su poder y Su protección en nuestras vidas. Él es nuestra roca, nuestra fortaleza y nuestro libertador.

La fortaleza de Dios nos da la seguridad de que no estamos solas y de que Él está obrando a nuestro favor. Nos permite vivir con confianza y esperanza, sabiendo que estamos en las manos de un Dios poderoso y amoroso.

Reflexiona hoy sobre la fortaleza de Dios en tu vida. Agradece por Su poder y Su protección, y permite que tu alabanza sea un testimonio de Su fortaleza.

Oración

Señor, gracias por ser mi roca y mi fortaleza. Agradezco por tu poder y tu protección en mi vida. Llena mi corazón de confianza y esperanza, y que mi alabanza sea un testimonio de tu fortaleza. Amén.

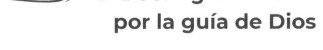

Día 95: Agradeciendo por la guía de Dios

Cita bíblica

"Te haré entender, y te enseñaré el camino en que debes andar; sobre ti fijaré mis ojos." - Salmo 32:8

Reflexión

La guía de Dios es una muestra de Su amor y cuidado constante por nosotras. Agradecer por Su guía nos permite reconocer Su presencia y Su dirección en nuestras vidas. Él nos enseña el camino en que debemos andar y fija Sus ojos sobre nosotras.

La guía de Dios nos da la seguridad de que estamos en el camino correcto y de que Él nos está llevando hacia Su propósito. Nos permite vivir con confianza y esperanza, sabiendo que estamos en las manos de un Dios amoroso y sabio.

Reflexiona hoy sobre la guía de Dios en tu vida. Agradece por Su dirección y permite que Su guía llene tu corazón de confianza y esperanza.

Oración

Señor, gracias por tu guía y tu dirección en mi vida. Agradezco por tu amor y cuidado constante. Llena mi corazón de confianza y esperanza, y que mi alabanza sea un testimonio de tu guía. Amén.

Día 96: Alabando por la presencia de Dios

Cita bíblica

"¿A dónde me iré de tu Espíritu? ¿Y a dónde huiré de tu presencia?" - Salmo 139:7

Reflexión

La presencia de Dios es una fuente constante de consuelo y seguridad. Alabar a Dios por Su presencia nos permite reconocer Su amor y Su cuidado en nuestras vidas. No hay lugar donde podamos escondernos de Su Espíritu, y Su presencia está siempre con nosotras.

La presencia de Dios nos da la seguridad de que no estamos solas y de que Él está obrando en nuestras vidas. Nos permite vivir con confianza y esperanza, sabiendo que estamos en las manos de un Dios amoroso y siempre presente.

Reflexiona hoy sobre la presencia de Dios en tu vida. Agradece por Su amor y cuidado constante, y permite que tu alabanza sea un testimonio de Su presencia.

Oración

Señor, gracias por tu presencia constante en mi vida. Agradezco por tu amor y cuidado. Llena mi corazón de confianza y esperanza, y que mi alabanza sea un testimonio de tu presencia. Amén.

Día 97: Agradeciendo por la libertad en Cristo

Cita bíblica

"Así que, si el Hijo os libertare, seréis verdaderamente libres." - Juan 8:36

Reflexión

La libertad en Cristo es un don maravilloso que nos permite vivir sin las cadenas del pecado y la culpa. Agradecer por la libertad en Cristo nos permite reconocer Su poder y Su amor en nuestras vidas. En Cristo, somos verdaderamente libres.

La libertad en Cristo nos da la seguridad de que somos amadas y perdonadas, y nos permite vivir con gratitud y esperanza. Nos llena de Su paz y Su alegría, sabiendo que estamos en las manos de un Dios amoroso y liberador.

Reflexiona hoy sobre la libertad que tienes en Cristo. Agradece por Su amor y poder, y permite que la gratitud llene tu corazón de paz y alegría.

Oración

Señor, gracias por la libertad que tengo en Cristo. Agradezco por tu amor y poder que me ha liberado. Llena mi corazón de gratitud y esperanza, y que mi alabanza sea un testimonio de tu libertad. Amén.

Día 98: Alabando por la esperanza en Cristo

Cita bíblica

"Bendito el Dios y Padre de nuestro Señor Jesucristo, que según su grande misericordia nos hizo renacer para una esperanza viva por la resurrección de Jesucristo de los muertos." - 1 Pedro 1:3

Reflexión

La esperanza en Cristo es una fuente constante de alegría y confianza. Alabar a Dios por la esperanza que tenemos en Cristo nos permite reconocer Su amor y Su poder en nuestras vidas. En Cristo, tenemos una esperanza viva por Su resurrección de los muertos.

La esperanza en Cristo nos da la seguridad de que estamos en las manos de un Dios amoroso y poderoso. Nos permite vivir con confianza y alegría, sabiendo que Él está obrando en nosotras y a través de nosotras.

Reflexiona hoy sobre la esperanza que tienes en Cristo. Agradece por Su amor y poder, y permite que tu alabanza sea un testimonio de Su esperanza.

Oración

Señor, gracias por la esperanza que tengo en Cristo. Agradezco por tu amor y poder que me ha dado una esperanza viva. Llena mi corazón de alegría y confianza, y que mi alabanza sea un testimonio de tu esperanza. Amén.

Día 99: Agradeciendo por la comunidad cristiana

Cita bíblica

"Y considerémonos unos a otros para estimularnos al amor y a las buenas obras." - Hebreos 10:24

Reflexión

La comunidad cristiana es un regalo precioso de Dios, un lugar donde podemos estimularnos al amor y a las buenas obras. Agradecer por la comunidad cristiana nos permite reconocer el amor y el apoyo que encontramos en nuestros hermanos y hermanas en la fe.

La comunidad cristiana nos da la seguridad de que no estamos solas y de que tenemos un lugar donde podemos crecer y ser animadas en nuestra fe. Nos permite vivir con gratitud y esperanza, sabiendo que estamos en las manos de un Dios amoroso y que tenemos el apoyo de nuestra comunidad.

Reflexiona hoy sobre la bendición de la comunidad cristiana. Agradece a Dios por tus hermanos y hermanas en la fe, y busca maneras de estimular al amor y a las buenas obras.

Oración

Señor, gracias por la comunidad cristiana que has puesto en mi vida. Agradezco por el amor y el apoyo que encuentro en mis hermanos y hermanas en la fe. Ayúdame a estimular al amor y a las buenas obras, y que mi vida sea un testimonio de tu amor. Amén.

Día 100: Alabando por la vida eterna

Cita bíblica

"Y esta es la promesa que él nos hizo, la vida eterna." - 1 Juan 2:25

Reflexión

La vida eterna es la promesa más grande que hemos recibido de Dios, un regalo maravilloso que nos llena de esperanza y alegría. Alabar a Dios por la vida eterna nos permite reconocer Su amor y Su fidelidad en nuestras vidas. En Cristo, tenemos la seguridad de la vida eterna.

La vida eterna nos da la seguridad de que estamos en las manos de un Dios amoroso y fiel. Nos permite vivir con confianza y alegría, sabiendo que nuestra esperanza está en Cristo y que tenemos la promesa de la vida eterna.

Reflexiona hoy sobre la promesa de la vida eterna. Agradece a Dios por Su amor y fidelidad, y permite que tu alabanza sea un testimonio de Su promesa.

Oración

Señor, gracias por la promesa de la vida eterna. Agradezco por tu amor y fidelidad que me ha dado esta esperanza. Llena mi corazón de alegría y confianza, y que mi alabanza sea un testimonio de tu promesa. Amén.

Conclusión

Al concluir estos 100 días de devocionales, espero que hayas encontrado inspiración, consuelo y guía en cada reflexión, oración y cita bíblica. Mi deseo es que tu jornada espiritual haya sido fortalecida y que hayas experimentado el amor y la presencia de Dios de una manera profunda y transformadora.

Recuerda que cada día es una oportunidad para crecer en tu fe, confiar más en Dios y vivir de acuerdo con Su propósito. Sigue buscando Su dirección, agradeciendo por Sus bendiciones y alabándole por Su fidelidad y amor.

Que este libro de devocionales continúe siendo una fuente de inspiración y guía en tu caminar diario con Dios. Que Su paz, amor y gracia te acompañen siempre, y que tu vida sea un reflejo de Su gloria y Su propósito.

Reflexión final

Cita bíblica

"Y todo lo que hagáis, hacedlo de corazón, como para el Señor y no para los hombres." - Colosenses 3:23

Mensaje de aliento

Que tu vida sea una expresión de amor, gratitud y alabanza a Dios. Que cada día te acerques más a Él y vivas de acuerdo con Su propósito, confiando en Su dirección y descansando en Su paz. Sigue adelante con fe y esperanza, sabiendo que Dios está contigo en cada paso de tu camino.

Oración final

Señor, gracias por estos 100 días de inspiración y por tu presencia constante en mi vida. Ayúdame a seguir creciendo en mi fe, a confiar en tu dirección y a vivir de acuerdo con tu propósito. Llena mi corazón de tu amor, paz y gratitud, y que mi vida sea un reflejo de tu gloria. Amén.

AGRADECIMIENTO Y AUDIO LIBRO 🔊

Muchas gracias por comprar este libro.

De entre las docenas de libros disponibles, te has decantado por el nuestro, y te lo agradezco con el corazón.

Por ello queremos agradecértelo con un contenido exclusivo, la versión del **Audiolibro**, para que puedas disfrutar de el e cualquier momento y ocasión.
Para ello solo tienes que solicitárnoslo a través de un email al siguiente correo, donde te haremos el envió directamente.
Email: liadiezlunas@gmail.com

Además nos gustaría pedirte un pequeño favor una vez que disfrutes de él.

¿Podrías considerar dejar una reseña en la plataforma?
Dejar una reseña es la mejor y más fácil manera de apoyar a autores independientes como yo.

Tus comentarios me ayudarán a seguir escribiendo libros que puedan conseguir inspirarte y llegar a conectar con nuestro interior y con Dios.

También es una ayuda para futuros lectores saber si este libro les puede ayudar si a ti lo ha hecho.

Made in United States
Cleveland, OH
07 May 2025

16745275R00066